CB032638

Encontrar emprego depois dos 50

Consiga uma nova oportunidade de trabalho mais tarde na sua carreira

JEANNETTE WOODWARD

Actual Editora
Conjuntura Actual Editora, S. A.

Missão

Editar livros no domínio da Gestão e da Economia e tornar-se uma editora de referência nestas áreas. Ser reconhecida pela sua qualidade técnica, **actualidade** e relevância de conteúdos, imagem e *design* inovador.

Visão

Apostar na facilidade e compreensão de conceitos e ideias que contribuam para informar e formar estudantes, professores, gestores e todos os interessados, para que através do seu contributo participem na melhoria da sociedade e gestão das empresas em Portugal e nos países de língua oficial portuguesa.

Estímulos

Encontrar novas edições interessantes e **actuais** para as necessidades e expectativas dos leitores das áreas de Economia e de Gestão. Investir na qualidade das traduções técnicas. Adequar o preço às necessidades do mercado. Oferecer um *design* de excelência e contemporâneo. Apresentar uma leitura fácil através de uma paginação estudada. Facilitar o acesso ao livro, por intermédio de vendas especiais, *website*, *marketing*, etc.
Transformar um livro técnico num produto atractivo.
Produzir um livro acessível e que, pelas suas características, seja **actual** e inovador no mercado.

COLECÇÃO CARREIRA

Encontrar emprego depois dos 50

Consiga uma nova oportunidade de trabalho mais tarde na sua carreira

JEANNETTE WOODWARD

www.actualeditora.com
Lisboa — Portugal

Actual Editora
Conjuntura Actual Editora, S. A.
Rua Luciano Cordeiro, 123- 1º Esq.
1069-157 Lisboa
Portugal

TEL: (+351) 21 3190240
FAX: (+351) 21 3190249

Website: www.actualeditora.com

Título original: *Finding a Job After 50*

Edição original publicada por Career Press.

Edição Actual Editora – Março 2010

Tradução: Maria Palma
Revisão: Marta Pereira da Silva e Vera César
Design da capa: Brill Design
Paginação: RPVP Designers
Gráfica: Guide – Artes Gráficas, Lda
Depósito legal: 307472/10

Biblioteca Nacional de Portugal - Catalogação na Publicação

WOODWARD, Jeannette

Encontrar emprego depois dos 50 (Carreira; 1)
ISBN 978-989-8101-81-5

CDU 331

Vendas especiais:
O presente livro está disponível com descontos especiais para compras de maior volume para grupos empresariais, associações, universidades, escolas de formação e outras entidades interessadas. Edições especiais, incluindo capa personalizada para grupos empresariais, podem ser encomendadas à editora. Para mais informações, contactar Conjuntura Actual Editora, S. A.

Índice

Para as pessoas mais importantes da minha vida:
Chris, Laura, John e Lowell

Introdução

BOB TEM 61 ANOS E UM EMPREGO NOVO. Ganha pouco, está no último "degrau da escada" profissional, a posição não implica qualquer responsabilidade e tem poucos benefícios, mas não podia estar mais feliz, pois faz aquilo que gosta. Bob encontrou este emprego depois de ter sido recusado para uma dezena de vagas igualmente humildes. De facto, Bob despendeu mais tempo e esforço a encontrar este emprego do que para qualquer uma das outras posições executivas e de grande responsabilidade que constam do seu currículo.

Shelley tem 60 anos, mas não se pode dar ao luxo de ter um emprego semelhante ao de Bob. Mãe solteira, nunca teve possibilidade de pôr de lado economias que lhe permitissem reformar-se com conforto. De facto, contribuir para as propinas da universidade dos filhos, pagar a hipoteca da casa e manter um estilo de vida de classe média deixaram-na com demasiadas dívidas para se poder reformar. Shelley sabe que tem de continuar a trabalhar, mas será que tem de ficar no emprego aborrecido e emocionalmente esgotante que tem há anos? Será que é demasiado tarde para começar uma carreira nova e mais gratificante?

O mundo lá fora é uma selva

O mercado de trabalho é um local assustador quando se tem 50 ou 60 anos; de facto, já houve quem o comparasse a um campo de batalha. Veteranos com feridas de guerra contam que foram preteridos vezes sem conta em empregos que pareciam ter sido feitos para eles. Os candidatos escolhidos para o lugar têm metade da sua idade e apenas uma fracção das suas qualificações. Então por que razão Bob, que tem uma boa conta poupança reforma, se submeteu à agonia de procurar emprego? Porquê ir lá para fora, concorrer neste mercado hostil a pessoas de meia-idade, se as perspectivas são tão desanimadoras? Afinal, talvez seja possível encontrar algures uma praia agradável, onde consiga reformar-se com uma vida de conforto.

Houve uma época, não há assim tanto tempo, em que as pessoas se reformavam automaticamente quanto atingiam os 60 ou 65 anos de idade, se fossem suficientemente afortunadas para alcançarem esta idade avançada. Agora, no entanto, há muitos que continuam fortes e ainda apaixonadamente envolvidos no seu trabalho aos 80 anos de idade. Porque o fazem? Porque não descansam e desfrutam de uma vida calma? Muitos dos de meia-idade e mais velhos que continuam a trabalhar muito para além da idade da reforma fazem-no porque gostam do seu trabalho. Sentem-se felizes por estar com outros e sentem a profunda satisfação de fazer algo realmente importante. Se estiver ansiosamente à espera da reforma, provavelmente não sente esta satisfação. Talvez com o passar dos anos se sinta cada vez mais entediado e pense que o seu trabalho não é mais do que um aborrecimento diário, uma sucessão infinita de segundas-feiras monótonas.

Talvez tenha tentado reformar-se, mas verificou que a reforma não é o que esperava. Ao fim de muitos anos de trabalho diário, não se sente confortável fora dessa rotina. Mas quando olha para a sua vida antes da reforma, percebe que também não é para essa realidade que quer voltar. O que quer realmente fazer com a sua vida? Cada vez mais profissionais de meia-idade respondem a este dilema escolhendo novas carreiras, que se adequam especificamente às suas potencialidades.

Quem somos?

Nenhum de nós é a mesma pessoa que era aos 25 anos de idade. Crescemos e adquirimos talentos, competências e interesses diferentes; finalmente sabemos quem somos e quem não somos. Já não estamos dispostos a deixar os outros moldarem-nos em "empresários" ou em "jovens mulheres". Se está neste momento a aproximar-se da idade habitual de reforma, cresceu num mundo muito diferente. Os homens geralmente contentavam-se em arranjar um emprego no último "degrau" da carreira empresarial e em progredir gradualmente, permanecendo fiéis aos mesmos chefes durante a maior parte das suas carreiras. Por outro lado, as mulheres nem pensavam em carreiras. Era mais provável que arranjassem um emprego depois de os filhos crescerem. Trabalhavam não para obter gratificação profissional, mas sim para poder pagar os aparelhos dentários dos filhos ou para complementar o rendimento familiar.

Não somos os nossos pais

Os nossos pais tornaram-se adultos durante a Grande Depressão e inculcaram em nós a necessidade de segurança no emprego. Viveram numa época em que realmente se encontravam no fundo do túnel. Apesar das recessões esporádicas, esses maus velhos tempos acabaram. A maioria de nós já atravessou tempos difíceis, mas geralmente conseguimos pôr-nos novamente de pé relativamente depressa. Também contamos viver mais tempo do que os nossos pais. Embora os números variem de acordo com o sexo e com os grupos demográficos, podemos contar com aproximadamente mais 18 anos de vida, depois de atingirmos os 65 anos de idade. Com uma maior segurança e com uma esperança de vida também maior, apercebemo-nos de que queremos mais da vida. Esperamos viver até aos cem anos de idade, mas os anos estão a passar. Se queremos realmente tirar partido do tempo que ainda temos pela frente, o melhor é começarmos imediatamente.

Redescobrir os seus sonhos

Então, o que quer na verdade? Talvez nunca se tenha interrogado sobre esta questão, particularmente quando andava à procura de emprego. Quando éramos novos, a nossa imaginação criava sonhos sobre o que faríamos quando crescêssemos. Contudo, a realidade do mercado de trabalho rapidamente se sobrepôs a esses sonhos e as perguntas que começámos a fazer relacionavam-se com salários, promoções e benefícios. Provavelmente, agora estas questões já não são tão relevantes. Os filhos cresceram e as outras responsabilidades financeiras tornaram-se mais leves. A Segurança Social e os seguros de saúde proporcionam uma rede de segurança ou mesmo um rendimento confortável. Já nem tentar igualar as novidades dos vizinhos tem o mesmo apelo. O que realmente importa é, numa palavra, felicidade! Consegue parar a meio de um dia atarefado e dizer "estou a passar um bom bocado; estou a divertir-me"? Se, de uma forma geral, a resposta for "não", faz alguma ideia de que tipo de emprego lhe poderia dar essa sensação de prazer e contentamento? Consegue olhar para trás e lembrar-se de momentos desses no passado?

Tirar partido das suas próprias influências

Muitos contam que os seus melhores empregos foram aqueles em que tinham controlo sobre o seu tempo e em que podiam trabalhar num projecto com algum nível de independência. Lembram-se das alturas em que sentiram criatividade e influência "a correr-lhes nas veias" e recordam-se da ansiedade que sentiram quando perderam essa liberdade. Que tipo de actividades o faz sentir-se como se as suas veias pulsassem com criatividade? O que sabe fazer bem e que tipo de trabalho lhe dá prazer?

Actualmente, já sabe quais as áreas em que não é muito bom. Sabe onde falhou e já não há necessidade de voltar a esses momentos dolorosos. Todos temos pontos fortes e pontos fracos. Agora que conhece os seus, pode definir uma direcção que capitalize os seus activos. No entanto, antes de começar a recordar-se de todas as coisas que fez mal, considere que muitas das suas qualidades pessoais não são nem positivas nem negativas por si mesmas. Quando as aplica numa tarefa errada elas podem derrotá-lo, mas numa situação diferente podem tornar-se os seus pontos fortes. Talvez o leitor tenha sido uma "coruja noctívaga" que chegava tarde a reuniões importantes. Se várias vezes se sentiu culpado e inadequado, provavelmente nunca parou para pensar que existem muitos trabalhos que as "corujas noctívagas" fazem melhor.

Sente-se velho e fora da realidade?

Já não é possível obrigar colaboradores a reformarem-se numa certa idade. Se a sua saúde lhe permitir e o seu trabalho for gratificante, pode continuar a trabalhar indefinidamente. Mas embora ninguém nos possa obrigar a reformar, muitos de meia-idade contam ser submetidos a formas subtis de pressão. Fazem-nos sentir como se fossem "velharias", gradualmente excluídos da actividade. São tratados pelo pessoal mais jovem com ares de superioridade, o que os faz sentir como estranhos nos seus próprios escritórios. Conversas de mexericos são interrompidas quando eles se aproximam e todos parecem saber mais do que eles próprios sobre o que se passa. Por outras palavras, sentem-se como se tivessem sido postos de lado, apesar de ainda estarem no activo. Os homens podem sentir que são consistentemente ignorados, apesar de estarem a ganhar bons salários e de tecnicamente ainda assumirem cargos de decisão. As mulheres são consecutivamente relegadas para tarefas sem futuro, não tirando satisfação de nenhuma delas.

Se formos honestos, devemos admitir que a culpa não é inteiramente dos outros. Com o passar dos anos tornámo-nos aborrecidos. Não nos sentimos desafiados e tendemos a fazer as mesmas coisas da mesma maneira, ano após ano. Além disso, ressentimo-nos das novas tecnologias e dos miúdos que pensam saber tudo sobre elas. Quem aceita de bom grado ser abordado com ares de superioridade por um miúdo de 22 anos que quer dar lições sobre a *World Wide Web* ou sobre o mais recente pacote de gestão informática?

Porquê trabalhar?

Porque não queremos viver desta maneira, agarramo-nos à reforma assim que ela é financeiramente possível. No entanto, pensemos em todas as experiências agradáveis que perdemos quando deixamos o nosso local de trabalho. Em primeiro lugar, e o mais importante, estão as amizades com os nossos colegas e as oportunidades de conhecermos pessoas novas. O almoço é uma ocasião social, para comer as nossas sanduíches num restaurante local ou numa mesa comum na sala do pessoal. Na verdade, estamos a ser pagos para aproveitar novas experiências: *workshops*, sessões de formação e até viagens para assistir a conferências em locais aprazíveis.

Porém, existe uma outra faceta no trabalho. Existe a pressão de termos de fazer demasiado, demasiado depressa e o *stress* de competirmos com colegas mais novos e com mais energia para subir na hierarquia profissional. O medo de falharmos e a necessidade de sobrevivermos às lutas políticas internas conseguem tirar-nos todo o prazer que obtínhamos do trabalho. Quer realmente permanecer num mundo deste género durante o resto da sua vida útil? A satisfação que tira do seu emprego é suficiente para que valha a pena passar lá a maior parte do seu dia, quer a trabalhar quer a pensar em trabalho?

Como passa o seu tempo?

Embora a maioria dos estereótipos sobre o envelhecimento não tenha fundamento, é verdade que, à medida que envelhecemos, vamos tendo menos energia. Se continuarmos a dedicar a mesma energia ao trabalho, ficamos com menos energia para tudo o resto. Alguns reconhecem ser útil diminuir um pouco o seu envolvimento no trabalho. Talvez isto signifique simplesmente ter um emprego em que não se tenha de levar para casa todos os dias uma pasta cheia de documentos, ou em que não se tenha de passar tanto tempo no trânsito durante as horas de ponta. Talvez isto signifique arranjar um trabalho a tempo parcial, que nos deixe mais horas livres para lazer.

Qualquer que seja a sua decisão, pode implicar uma mudança de emprego ou mesmo uma mudança radical no rumo da sua carreira. Como pode imaginar, ir ter com o chefe para lhe pedir um cargo com menos *stress* não é geralmente uma boa aposta de carreira. De facto, se já estivermos com dificuldades para demonstrar que ainda estamos aptos, um pedido destes pode ser visto como uma confirmação de que a nossa vida útil acabou. Lembre-se: estamos à procura de uma experiência mais interessante e compensadora. Sermos relegados para um trabalho monótono com um escritório ao lado da sala do material de limpeza não é o que se pretende.

Se realmente quer uma mudança, talvez seja necessário encontrar um novo chefe e, possivelmente, uma carreira completamente nova. Mas, lembre-se que isto vai ser muito mais difícil agora do que quando tinha 25 anos. Vai ter de se equipar com as ferramentas necessárias e até mesmo com as armas certas para poder ter sucesso no mercado de trabalho dos tempos que correm. Vai ter de convencer um chefe mais novo, que inconscientemente olha para si como "um velhote", que é o homem ou a mulher certa para a função.

O mundo lá fora é uma selva

Vejo este livro como um "manual de guerrilha" e não estou a exagerar. Conseguir o emprego que quer vai ser uma luta e vai ter de a abordar como tal. O seu arsenal tem de estar bem provido antes de iniciar as hostilidades e tem de saber o que vai enfrentar. Podem mesmo vir a ser necessários subterfúgios ocasionais para poder combater os estereótipos e a desinformação que abundam no ambiente de trabalho.

Já enviou recentemente o seu currículo ou esteve numa entrevista de emprego? Outras pessoas de meia-idade têm referido que são preteridas várias vezes, mesmo quando parecem ser os candidatos mais qualificados. É fácil concluir-se que se trata de discriminação etária, mas a resposta verdadeira não é assim tão simples. Sim, é verdade que os chefes podem ter estereótipos negativos e injustos sobre colaboradores com mais idade. Podem assumir que os colaboradores mais velhos não são tão perspicazes ou competentes como os mais novos, ou até que metem mais dias de baixa (não é verdade). Podem ainda sentir-se desconfortáveis a supervisionar aqueles que têm idade para ser seus pais, tal como nós nos podemos sentir desconfortáveis por estarmos a ser supervisionados por alguém com idade para ser nosso filho.

No entanto, o que pode ser ainda mais importante é que os supervisores tendem a procurar pessoas semelhantes a eles mesmos. Imaginam como eles próprios fariam o trabalho e depois presumem que essa é a melhor e única forma de o fazer. Conseguem falar e trabalhar mais facilmente com aqueles que são semelhantes a eles, que pensam da mesma maneira, que têm o mesmo tipo de *background*. Se pensarmos nos tempos em que éramos nós a fazer as contratações, ou quando escolhemos um agente imobiliário ou um advogado, provavelmente fizemos a mesma coisa. Pormo-nos no lugar do outro pode ser um bom exercício, mas é muito difícil de fazer.

O currículo certo para o emprego errado

Se olharmos de perto para as pessoas de meia-idade que estão com dificuldades no mercado de trabalho actual, veremos outros problemas comuns. Em primeiro lugar, têm currículos excelentes para o emprego errado. Os seus currículos fazem-nos parecer preparados para o escalão seguinte da carreira que escolheram há 20 ou 30 anos. Quando o seu currículo não corresponde ao emprego a que se está a candidatar, as sirenes de alarme disparam. O que há de errado em si? Por que motivo está disposto a aceitar um emprego com um salário inferior ou numa área diferente? Uma outra pessoa de meia-idade iria perceber as suas razões, mas os chefes mais novos não conseguem imaginar-se a fazer a mesma coisa. Não aceitariam um emprego assim, a não ser que fossem obrigados a isso ou que o seu emprego actual estivesse em risco. Não faz sentido, portanto partem do princípio que algo de errado se passa, que deve haver algum problema consigo.

Reflicta mais uma vez sobre o passado; imagine o que teria pensado de um currículo tão fora do comum. Não ficaria a pensar se estes candidatos não teriam sido convidados a demitir-se? As coisas não podiam estar a correr bem; caso contrário, por que razão estariam dispostos a aceitar o que pode ser considerado uma despromoção? O que os empregadores procuram é um currículo que mostre uma progressão gradual para aquela vaga em particular. O seu currículo provavelmente mostra de imediato que não se encaixa neste modelo. Mais à frente neste livro iremos olhar de perto para este currículo e ver o que pode ser feito para desligar as "sirenes de alarme".

Mudou de opinião?

Talvez esteja actualmente desempregado. Um dia no ano passado, ou no mês passado, decidiu que a vida era demasiado curta para passar o tempo a trabalhar num emprego de que não gostava. Decidiu que era tempo de se reformar ou, pelo menos, de fazer uma pausa antes de voltar a entrar no mundo do trabalho. Infelizmente, neste mercado de trabalho altamente competitivo estar desempregado equivale ao "beijo da morte". Os chefes estão habituados a lidar com candidatos mais jovens e, mais uma vez, imaginam-se a si mesmos em circunstâncias semelhantes. As pessoas a meio das suas carreiras não se despedem sem ter um outro emprego seguro nas mãos. Olhe para o seu próprio currículo. Um emprego segue-se a outro, geralmente sem qualquer intervalo.

O que isto quer dizer é que, para ter êxito, vai ter de se aproximar mais da imagem que o empregador tem para o candidato de sucesso. Para ser bem sucedido, vai ter de adaptar as suas habilitações às expectativas dos empregadores e, ao mesmo tempo, convencê-los de que tem talentos que eles não encontrarão em alguém mais novo. A sua alargada experiência permite-lhe trazer mais-valias para um emprego. Assim que aprender a vender-se a si mesmo, poderá seleccionar e escolher, destacando as suas experiências e competências que melhor se apliquem a uma determinada vaga.

Lembre-se, no entanto, que está a escolher este emprego; não é este emprego que o está a escolher a si. Também a si não é fácil agradar e, enquanto os empregadores o avaliam a si, avalie-os também de forma crítica. Escolha cuidadosamente. Não importa o salário, este vai ser o melhor emprego que alguma vez teve.

Este livro é sobre isso mesmo. Pode ser provavelmente o melhor homem ou mulher para o emprego, mas vai ter de o provar. Para o fazer, tem de saber o que vai enfrentar e como o derrotar. Aqui vamos então. Considere o que se segue como formação básica em procura de emprego de guerrilha.

Capítulo 1

Descobrir o que realmente quer da vida

COMO COMEÇÁMOS POR COMPARAR a procura de emprego a uma guerra de guerrilha, vamos continuar com esta analogia. Antes de enfrentar as hostilidades, é necessário fazer um reconhecimento ou, como diz a definição no dicionário, olhar à sua volta e fazer uma inspecção preliminar do território. Neste caso, o território desconhecido, e por vezes hostil, a ser explorado é o mercado de trabalho. Talvez seja uma boa ideia começar por se interrogar por que razão está interessado em explorar o mercado de trabalho.

Se tiver 50 ou 60 anos, é provável que já esteja no seu emprego actual há muito tempo. Uma das nossas características como colaboradores mais velhos é o facto de sermos fiéis a um lugar e não saltarmos de emprego em emprego. Acomodámo-nos nas nossas posições e as estatísticas indicam que tendemos a ficar com o mesmo empregador até à reforma. O *downsizing* recente nas empresas interferiu com este padrão e muitos viram-se novamente no mercado de trabalho quando não tinham qualquer desejo de lá estar. No entanto, é ainda bem provável que esteja a fazer mais ou menos a mesma coisa que tem vindo a fazer há vários anos.

Preso à rotina?

Por vezes permanecemos num emprego que não gostamos porque receamos perder a pensão de reforma. Felizmente, a legislação recente e as contas poupança reforma permitem que as pessoas levem as suas economias consigo. Se é este o motivo pelo qual se sente relutante em mudar de emprego, certifique-se de que ponderou cuidadosamente as suas opções. Pode estar a preocupar-se desnecessariamente. Fale com o departamento de recursos humanos da empresa onde está empregado e também com um consultor financeiro. Em conjunto, devem conseguir dar-lhe uma imagem clara da sua situação financeira, o que lhe permitirá tomar uma decisão informada.

Mesmo que a perda da pensão de reforma não seja um problema, pode ainda sentir-se relutante em mudar de emprego. Poderão seguir-se anos de queixas. Mas, por uma razão ou por outra, não faz nada para se sentir mais feliz ou mais produtivo. Alguns deixam que as suas tristezas e frustrações se prolonguem por demasiado tempo; até que finalmente explodem. Podem acordar um dia e decidir que chega. Não conseguem continuar e, portanto, demitem-se ou reformam-se sem realmente considerarem o impacto desta decisão no resto da sua vida.

Faça uma reflexão

Como é que se sente em relação ao seu emprego? Claro, toda a gente se queixa, mas desagrada-lhe realmente ir para o emprego? Passa o fim-de-semana com pavor da segunda-feira? Arranje tempo para ter uma conversa séria consigo mesmo, numa altura em que não tenha acontecido nada fora do normal no emprego, numa altura em que não se sinta particularmente angustiado ou zangado. Utilize esta oportunidade para analisar as vantagens e as desvantagens de permanecer no seu emprego actual. Pegue em papel e lápis e escreva todas as respostas para que possa ver os dois lados claramente. Aqui estão algumas perguntas para que possa começar:

- **Como se dá com o seu chefe?**

Claro que, como princípio, todos criticamos o nosso chefe. Todos conseguimos ser como Dilbert*, tirando prazer em apanhar o chefe a cometer erros patetas. No entanto, alguns de nós temos problemas mais graves. Talvez o seu chefe o faça sentir-se inadequado. Ele ou ela não admite erros e, portanto, vive com medo de que as suas falhas sejam descobertas. O seu chefe respeita-o ou simplesmente tolera-o? Interrogue-se se a vossa relação é apenas ligeiramente irritante ou se está a interferir com a sua felicidade e o seu bem-estar.

- **Como se dá com os seus colegas?**

O atrito e a rivalidade interpessoais são uma parte natural da experiência de trabalho, mas por vezes tornam-se incontroláveis. Quando pensa naqueles com quem trabalha, o prazer que tira da sua companhia deve ultrapassar o lado negativo. Claro que há sempre competição. Há-de haver alturas em que se ressente com os sucessos dos outros ou em que se zanga porque uma determinada decisão foi tomada sem lhe perguntarem a sua opinião. No entanto, se não se sentir feliz por ver pelo menos alguns dos seus colegas na segunda-feira de manhã, então estas hostilidades já foram longe de mais. O seu ambiente de trabalho pode ser tão competitivo que os colegas nunca conseguem relaxar e apreciar-se uns aos outros. Por vezes, consegue decidir simplesmente recusar-se a jogar este jogo e dedicar-se deliberadamente a restabelecer relações. Contudo, outras vezes isto pura e simplesmente não é possível.

- **Existe um bom equilíbrio entre a sua vida pessoal e a sua vida profissional?**

Tem tempo e energia para fazer pelo menos algumas coisas agradáveis durante a semana, ou chega a casa do trabalho a sentir-se tão exausto que a única coisa que consegue fazer é sentar-se à frente da televisão? Claro que todos se sentem cansados depois de um longo dia de trabalho, mas sente-se como se toda a sua vida se resumisse a ir para o trabalho e a recuperar dele? Traz para casa uma

* **N. T.** Dilbert é o protagonista de um *cartoon* muito popular nos Estados Unidos, cuja acção se passa num escritório e em que Dilbert, tal como diz o texto, se regozija com os erros do chefe.

pilha de documentos? Quando um amigo, ou o seu cônjuge, sugere irem jantar fora a um bom restaurante, isso parece-lhe um esforço demasiado grande? É verdade que ocasionalmente todos necessitamos de nos descalçar e de nos enroscar no sofá para passarmos um serão calmo e agradável; mas se é isso que faz noite após noite, então tem um problema mais grave. Interrogue-se sobre o que realmente quer mudar e o que quer manter. Se a falta de energia for o seu principal problema, talvez possa reduzir um pouco o volume de trabalho. Permanecer no mesmo ramo, mas como consultor independente, pode ser uma boa opção.

- **O seu trabalho envolve viagens?**

Se sim, estas têm-se tornado cada vez mais cansativas? Já não são agradáveis? Uma viagem de trabalho agora significa pouco mais do que *jet lag*, um solitário quarto de hotel e um lugar apertado no avião? À medida que envelhecemos, tendemos a apreciar a nossa cama, a nossa casa de banho e as nossas rotinas muito mais do que quando éramos novos. Com menos energia à nossa disposição, não aproveitamos as oportunidades culturais e recreativas que as viagens de trabalho nos oferecem. Há alguma forma de reduzir as viagens, fazendo mais telefonemas e usando mais o *e-mail*, ou esta opção seria vista como uma incapacidade de fazer o seu trabalho?

- **Qual é para si a importância do poder e do prestígio?**

Obtém do seu trabalho um sentimento de importância? Sente grande satisfação por ser um líder admirado pelos outros na sua empresa? Por outras palavras, o seu emprego é essencial para a sua auto-estima? Se respondeu "sim" a estas perguntas, não é um bom candidato para a reforma e um emprego mais relaxante e com menos *stress* pode não satisfazer as suas necessidades.

Por outro lado, pode ser a altura certa para se sentar e analisar as suas necessidades de poder e de estatuto. Uma das pessoas que irá conhecer no próximo capítulo chama-se Mel, um "capitão da indústria" que lutou e batalhou até ao topo da hierarquia empresarial. Até ter encontrado o seu próprio caminho, nos anos mais recentes, Mel sentia raiva dos colegas, que o punham de lado; rejeição por parte da sua família, que se recusava a ser tratada como subalterna;

e frustração quando o poder e o prestígio não lhe trouxeram felicidade. Estes são bens efémeros e há sempre alguém atrás de si, desejoso de ocupar o seu lugar. A maioria pensa que é melhor aceitar este saque típico do mundo empresarial e procurar um estilo de vida mais gratificante.

- **O seu trabalho não tem sentido?**

Sente que a sua vida não seguiu na direcção que pretendia? Quando era novo provavelmente queria salvar o mundo ou, pelo menos, torná-lo um lugar melhor. Conforme se foi envolvendo na sua carreira, perdeu de vista esses objectivos idealistas, mas eles mantiveram-se lá no fundo, algures nas profundezas da sua consciência. Ao envelhecer, talvez comece a interrogar-se: "Porque estou a fazer isto? Qual é o significado da minha vida?" Parece-lhe que conquistou muito poucas coisas com verdadeira importância? O dinheiro que ganhou parece-lhe menos importante do que os valores que comprometeu? Todos os que chegam à meia-idade têm de "fazer as pazes" com os sonhos de juventude; mas se esse sentimento de insatisfação o está a corroer, esta pode ser a altura indicada para fazer alguma coisa sobre isso. Se realmente quer tornar o mundo um lugar melhor, então faça-o!

- **O que faria se se reformasse amanhã?**

Descanso e relaxamento são as primeiras coisas que lhe vêm à cabeça? "Passar pelas brasas" no sofá vai rapidamente perder o seu encanto quando se reformar. Tem passatempos e interesses que possa aprofundar mais activamente durante a reforma ou tem apenas algumas ideias vagas sobre actividades de lazer que lhe possam interessar? Se não tem um plano definido, cheio de actividades de que já gosta, então provavelmente ainda não está pronto para a reforma. Mais uma vez, nós, os seres humanos, precisamos de estar activamente envolvidos na vida. A reforma deve representar uma transição para um estilo de vida agradável, mas ainda activo.

- **O que pensa sobre um trabalho a tempo parcial?**

Muitos pensam que trabalhar a tempo parcial é um bom compromisso entre um trabalho intensivo e a tempo inteiro e nenhum emprego. Pode ser uma excelente opção, desde que os prazeres que daí resultam sejam superiores aos aborrecimentos.

O trabalho a tempo parcial pode proporcionar estrutura à sua vida quando, em outros aspectos, se sentir à deriva e sem propósito. Como a transição de uma vida centrada à volta de um trabalho para uma vida sem esse centro pode ser difícil, um trabalho a tempo parcial permite-lhe fazer ajustes graduais, aproveitando o melhor dos dois mundos.

Quer permaneça ou não com o seu chefe actual ou procure outro sítio, os trabalhos a tempo parcial são geralmente mal pagos e os colaboradores que os executam têm pouco estatuto. Benefícios, como seguro de saúde, podem estar disponíveis apenas para colaboradores a tempo inteiro. Procure junto de empregadores que incentivem a partilha de emprego*, pois esta opção pode proporcionar muitos dos benefícios de um trabalho a tempo inteiro, sem todas aquelas horas de trabalho exigidas. Analise as diferentes formas de obter seguros de saúde através de associações locais ou de outras organizações. Por exemplo, veja se a Associação Comercial local oferece apólices aos seus membros e procure também grupos profissionais que atraem empresários por conta própria. Se se qualificar para o sistema federal de seguro de saúde dentro de poucos anos, pode valer a pena pagar um prémio ligeiramente mais alto para "comprar" a sua liberdade.

- **Se é mulher, sente-se como se nunca tivesse tido controlo sobre a sua vida?** Sente que nunca teve oportunidade de fazer as coisas que imaginou fazer quando crescesse? De certa forma, a casa e os filhos absorveram a sua vida e o sonho de se tornar médica, advogada ou uma executiva foi relegado para o fundo do baú. Maridos e mulheres da mesma idade frequentemente encontram-se em etapas diferentes na sua vida pessoal. Os homens podem ter passado a sua vida adulta a escalar a escada do sucesso, para depois descobrirem que este não lhes proporcionou a satisfação que procuravam. Por outro lado, as mulheres podem sentir-se defraudadas. Ao longo dos anos, sonharam com carreiras entusiasmantes, mas subordinaram essas ambições às necessidades da sua família. Agora os filhos cresceram e não há razão para elas, parafraseando o inspirador Joseph Campbell, não perseguirem a sua felicidade.

---

* **N. T.** No original, *job-sharing*.

- **Quer um emprego novo ou uma carreira completamente nova?**

Quanto tempo e esforço está disposto a investir no seu plano? Tem tido uma carreira desgastante e procura um emprego com menos *stress*? Quer mais tempo livre ou uma carreira à qual se possa dedicar por inteiro? Mais à frente irá conhecer a história de uma mulher que decidiu, aos 60 anos, alterar por completo a sua vida pessoal e profissional. Escolheu uma profissão que a obrigava a vários anos de estudo e ainda a fazer um estágio. Isto significava, sem dúvida, dedicar-se por inteiro; mas, como tinha tanto prazer em preparar-se para a sua carreira como em trabalhar como arquitecta profissional, foi uma decisão acertada. Os amigos interrogavam-se por que motivo se propusera a conquistar um objectivo desta dimensão tão tarde na sua vida. Afinal, restar-lhe-ia pouco tempo para exercer a sua profissão. Mas ainda está cheia de força aos 90 anos e pode olhar em retrospectiva para muitos anos felizes e de grande satisfação.

- **Gosta do seu emprego actual e quer simplesmente mais tempo para si?**

Talvez possa explorar as possibilidades de ser um trabalhador independente na sua área ou mesmo na sua própria empresa. Os trabalhadores independentes realizam uma série de tarefas, mas trabalham para si mesmos e não para um empregador. São contratados para realizar certos trabalhos, à sua maneira e de acordo com o seu próprio horário. É claro que os clientes têm uma palavra a dizer, mas, em geral, um trabalhador independente goza de muito mais liberdade do que um a tempo inteiro.

A parte negativa de se ser um trabalhador independente é a perda de segurança no trabalho, incluindo os benefícios adicionais. Os trabalhadores independentes têm de suportar uma carga administrativa e burocrática semelhante à exigida às pequenas empresas. Porém, conseguem controlar a sua quantidade de trabalho aceitando ou rejeitando ofertas.

- **Está disposto a voltar à escola?**

Isto poderá significar a frequência de alguns cursos de informática para aperfeiçoar as suas competências ou um compromisso de vários anos. Gosta de aprender coisas novas? A ideia de regressar à sala de aulas parece-lhe divertida ou considera que significa apenas mais trabalho? Para saber como seria verdadeiramente regressar às aulas, talvez queira fazer primeiro um curso livre. Frequente uma das disciplinas mais exigentes, que requeira trabalho. Porém, assegure-se de que escolhe uma disciplina em que esteja interessado. Desta forma, irá experimentar tanto o trabalho árduo como a sua recompensa.

- **Tem as competências e o temperamento necessários para iniciar o seu próprio negócio a partir de casa?**

Os computadores e a tecnologia a eles associada tornaram possível gerir um negócio de sucesso com poucos encargos financeiros. É geralmente um trabalho difícil, mas, se for algo que gosta de fazer, talvez seja a opção certa para si. Gosta de tomar as suas decisões e de estabelecer o seu próprio horário? O melhor de si revela-se quando se encontra envolvido num projecto, quase sem dar pelo passar das horas?

- **Como está a sua motivação?**

Tanto começar um negócio a partir de casa como tornar-se um trabalhador independente implicam uma grande dose de automotivação. É este um dos seus pontos fortes? Quando tem um projecto a cumprir encara-o com entusiasmo ou tende a protelar? Se necessita da disciplina imposta pelos prazos ou por um chefe que lhe diga o que fazer, talvez não seja adequado para este tipo de vida.

- **Como é que uma mudança de emprego ou a reforma afectariam a sua família?**

Os seus filhos já são independentes ou ainda precisam de assistência financeira? E o seu parceiro? Em certo sentido, qualquer coisa que faça será feita pelos dois. Passem algum tempo juntos e falem sobre os vossos sonhos. Vão ambos reformar-se ou mudar de emprego? Vão mudar-se para outra cidade? Tal como já mencionei, os homens e as mulheres podem estar em etapas diferentes nas suas vidas. É capaz de ser boa ideia escreverem os dois, em separado, as respostas a estas perguntas e depois discuti-las em conjunto. Não têm de concordar, mas certamente terão necessidade de coordenar as vossas vidas de trabalho e de lazer.

Então, estarão em melhor posição para desenvolver um plano que satisfaça as necessidades de ambos.

Provavelmente vai lembrar-se de outras questões que irão surgir como consequência de qualquer decisão que tome. Ao escrever as respostas a estas perguntas, possivelmente irá ver padrões a emergirem. Algumas opções são claramente mais apelativas do que outras.

Outras considerações

A maioria de nós já ouviu muitas vezes a declaração "o *stress* há-de matar-te!" e podemos mesmo ter usado estas palavras ao conversar com amigos. No entanto, a ciência médica determinou que, na realidade, muitos florescem sob *stress* e talvez o leitor seja um deles. Gostam de enfrentar desafios diários e divertem-se quando a sua adrenalina atinge o auge. Para os que estão nesta categoria, o céu é o limite quando se trata de novas experiências de trabalho. Podem continuar a trabalhar na progressão da sua carreira actual, ou podem escolher uma outra carreira e saborear os desafios de lutar por cargos mais elevados. No entanto, podem ter necessidade de ajustar o seu entusiasmo aos seus níveis de energia.

Infelizmente, porém, a maioria não cabe nesta categoria. Em vez disso, a nossa tensão arterial sobe quando nos encontramos sob pressão numa situação profissional. Ficamos acordados à noite e o nosso corpo é desnecessariamente castigado. Para a maioria, o *stress* pode causar uma grande variedade de doenças, incluindo ataques cardíacos aos 50 anos de idade. Como pode facilmente perceber, é essencial saber em que categoria nos inserimos. É também importante perceber como somos agora e não como éramos há 20 ou 30 anos. Todos mudamos ao longo do tempo e a nossa capacidade para lidar com o *stress* tende a diminuir.

Muitas das questões anteriores irão ajudá-lo com o seu diagnóstico pessoal. No entanto, a resposta nem sempre é evidente. Pode gostar de alguns aspectos do seu trabalho e ainda sentir-se "na maior" quando ultrapassa um problema difícil. As perguntas fizeram-no perceber que já não gosta tanto de viajar como gostava ou que a sua vida pessoal tem sofrido devido às exigências do seu trabalho? Pensa que agora os conflitos interpessoais o incomodam mais do que era costume? Vale a pena passar algum tempo a reflectir sobre as fontes de *stress* da sua vida. Aquilo que considerava irritações inevitáveis quando era mais novo pode estar agora a ameaçar a sua saúde e a sua felicidade futura.

Explorar as suas opções

Depois de ter feito alguma reflexão, faça uma lista de todas as suas opções. Provavelmente vai surpreender-se com a sua quantidade. Tendemos a cair em rotinas e a esquecer que geralmente temos muitas opções. As possibilidades incluem:

- Permanecer no seu emprego actual.
- Iniciar a reforma por fases, reduzindo gradualmente o número de horas de trabalho por semana.
- Reformar-se e dedicar-se a uma série de passatempos e actividades de voluntariado, de forma a manter-se ocupado e envolvido com outras pessoas.
- Encontrar um trabalho a tempo parcial com o seu chefe actual ou numa nova empresa.
- Tornar-se um trabalhador independente para o seu empregador actual ou para diversas organizações.
- Voltar a estudar e aprender novas competências.
- Escolher e iniciar uma carreira nova.
- Iniciar um negócio a partir de casa ou abrir uma pequena empresa.

Acrescente outras opções que tenha vindo a considerar. Depois de ter feito a sua lista, risque as opções que não têm qualquer atracção para si. Isto deve reduzir as suas escolhas mas deixar-lhe ainda diversas opções viáveis. Lembre-se que não está a tomar uma decisão de natureza idêntica às que tomou quando tinha 25 anos. A sua vida está cheia de diversos tipos de experiências; como tal, conhece-se melhor agora e está numa posição muito melhor para fazer uma escolha do que aquele jovem inocente do passado. Interrogue-se sobre a forma como cada uma das opções seria a mais certa para si. Isto significa orientar o seu relógio mental para experiências que lhe tenham agradado há alguns anos. O que considerou difícil ou aborrecido?

Seja honesto sobre os fracassos

Como seres humanos temos o mau hábito de ignorar as lições do passado e frequentemente não aprendemos com os nossos erros. Aquilo a que geralmente chamamos "palpite" pode por vezes dizer-nos algo sobre as nossas necessidades verdadeiras, mas pode também continuar a empurrar-nos várias vezes na mesma direcção improdutiva. Tente confirmar os seus "palpites" com experiências reais. Olhe para trás, para as alturas em que seguiu os seus palpites. Acabou por ser uma boa ideia? Se os seus sentimentos o estão a "empurrar" numa direcção, já alguma vez os seguiu e depois se arrependeu?

Nenhum de nós gosta de se lembrar dos seus fracassos, mas ser honesto agora pode levar-nos a sucessos no futuro. Todos falhamos ocasionalmente. Quer tenha conseguido recuperar de más decisões, erros patetas e ignorância ou as suas falhas tenham sido reveladas por chefes descontentes, o fracasso causou humilhação e diminuiu a sua auto-estima. A verdade é que existem coisas que, por muito que tente, nunca será capaz de fazer bem feitas. Se analisar o seu passado vai perceber estes padrões e vai ver-se a si mesmo a cometer os mesmos erros uma e outra vez.

Se, ao olhar para trás, vir muitos fracassos, a razão é simples: provavelmente estava desajustado, era "uma cavilha quadrada num buraco redondo". Existia pouca correspondência entre os seus talentos e os empregos que escolheu. Se se vir a si mesmo como essa "cavilha quadrada", então chegou a altura de ser honesto e de se afastar desses buracos redondos. As qualidades que o fazem falhar numa situação podem ajudá-lo a ter êxito numa outra. Ainda que doa ter de se recordar de tristezas passadas, tente analisá-las. O que havia nesses empregos que revelava as suas fraquezas e como pode tornar as coisas diferentes? Não tem de reviver o passado. Conquistou um ponto maravilhoso na sua vida em que pode finalmente ser quem é, portanto não desperdice a oportunidade.

Avaliar o risco e o compromisso

À medida que considerar cada uma das suas opções, tente calcular o compromisso requerido. Por exemplo, optar por uma reforma antecipada pode significar uma pensão menor e menos benefícios, portanto é melhor ter a certeza de que é realmente isso que quer. Uma opção destas requer um grande compromisso porque, se decidir que afinal a reforma não é o melhor para si, é pouco provável que consiga recuperar o seu antigo emprego. Se investir as poupanças de uma vida num pequeno negócio, o compromisso é igualmente importante. O negócio pode revelar-se desastroso e todo o seu futuro está dependente desta opção. Por outro lado, se um determinado trabalho a tempo parcial não for o mais adequado para si, pode sempre escolher outro.

Analise bem as suas finanças

Até agora tem estado a concentrar-se naquilo que quer da vida porque, quando se enfrentam as pressões do mundo real, é fácil perder de vista os objectivos. Mesmo assim, vai ter necessidade de preparar um plano prático que lhe permita pagar as contas e enfrentar outras responsabilidades que tenha. De quanto dinheiro precisa? Esta é uma pergunta que pode ter dificuldade em responder. Por vezes, parte-se do princípio que o dinheiro de que se precisa é o dinheiro que actualmente se ganha. Outras vezes, quando o emprego se torna particularmente insuportável, imaginamos que conseguimos viver com uma pequena fracção do nosso rendimento actual. A verdade encontra-se algures entre os dois extremos. Alguns peritos diriam que deveríamos poder contar com 70 por cento do nosso rendimento bruto actual. Contudo, nunca saberemos se isso será possível se não fizermos um orçamento real e registarmos as nossas despesas correntes. Enquanto algumas despesas, como com vestuário, podem ser cortadas drasticamente quando já não temos de nos vestir para uma imagem de sucesso, outras, tais como alimentação e habitação, serão sensivelmente as mesmas.

Adiar a reforma

Regra geral, pode presumir-se que, quanto mais tempo se adiar o levantamento das diversas fontes de rendimento para a reforma, mais dinheiro se vai ter. Por outras palavras, as suas contas poupança reforma vão continuar a acumular juros e as suas anuidades vão gerar receitas mais altas. As pessoas de meia-idade nascidas em 1943 ou mais tarde podem reforçar o seu rendimento da Segurança Social em oito por cento por cada ano se adiarem a reforma até aos 70 anos de idade. Por outro lado, serão penalizadas se a requererem antes de atingir a idade total de reforma. Várias pesquisas indicam que poucas pessoas de meia-idade pouparam adequadamente para as suas reformas, portanto este é um forte incentivo para se permanecer empregado.

Lembre-se que tem de fazer planos para uma vida longa e activa. É difícil para os jovens imaginarem um dia ser velhos e por isso, quando estávamos nos nossos 20 anos, provavelmente pensámos que estaríamos mortos e enterrados antes de atingirmos os 60 anos. Embora isto possa parecer ridículo agora, podemos ter ainda muito tempo pela frente. Apesar de podermos ter agora 60 anos e de anteciparmos estar ainda "rijos" durante mais alguns, provavelmente não considerámos exactamente quantos anos. Existe uma hipótese razoável de podermos alcançar os 95 anos. Embora esteja bem acima da esperança média de vida, muitos dos leitores deste livro ainda estarão por aqui com essa idade.

Isto quer dizer que, se o leitor tiver agora 60 anos, os seus recursos terão de ser distribuídos ao longo de 35 anos. Se o leitor for como muitas pessoas de meia-idade, só muito recentemente é que se preocupou com um plano de poupança, portanto é pouco provável que tenha acumulado bens suficientes para 35 anos. Se, no entanto, se decidiu reformar aos 70 anos, pode maximizar os seus benefícios da Segurança Social e nesse caso as suas poupanças reforma só terão de ser distribuídas por 25 anos. Além disso, tem ainda mais dez para reforçar os seus recursos. Pode mesmo considerar adiar a sua reforma até aos 75 anos de idade, se estiver em boa forma e se realmente gostar do seu trabalho.

Qual é o risco que pode assumir?

À excepção de permanecer no seu emprego actual, a maioria das opções que tem envolvem algum risco. De uma forma geral, quanto mais seguro estiver financeiramente, mais riscos pode assumir. Qual é para si a importância do dinheiro? Sentir-se-ia à vontade a viver de uma forma mais simples? Que nível de poupança consegue alcançar sem começar a ter pena de si mesmo? Se pensa que consegue viver com bastante menos dinheiro, agora chegou a altura de descobrir se tem razão. Comece imediatamente a cortar nas despesas e acompanhe as suas poupanças. Claro que a maioria das pessoas pode adiar algumas despesas, mas consegue imaginar-se a viver com um rendimento limitado durante os próximos 20 ou 30 anos? Se deixar o seu emprego para arranjar outro, como é que isso vai influenciar o seu rendimento actual e a sua futura segurança financeira? Se as suas fontes combinadas de rendimento, incluindo a Segurança Social, pensões e contas de poupança reforma, renderem menos de dois terços do seu rendimento actual, provavelmente vão ser necessárias alterações significativas no seu estilo de vida.

Com quanto dinheiro pode contar?

O passo seguinte é lançar um olhar honesto sobre a sua situação financeira actual e o seu rendimento previsto de reforma. Comece por considerar qual seria o seu rendimento se se reformasse amanhã. O que se segue são algumas fontes básicas de rendimento:

- **Segurança Social**. Todos os anos, cerca de três meses antes do seu aniversário, a Segurança Social envia-lhe um relatório que lista as suas contribuições anuais e as estimativas de benefícios a que terá direito quando alcançar as diferentes idades. Isto dá-lhe uma ideia geral de quanto pode esperar desta fonte de rendimento, mas pode necessitar de informação mais específica.

  A idade mínima de reforma é de 65 anos de idade, mas cobrar benefícios antes de chegar à idade total de reforma vai reduzi-los permanentemente. Qual é a sua idade? Quanto tempo precisa até se tornar elegível para receber os benefícios por inteiro e quanto dinheiro perderia se começasse a cobrar benefícios antes dessa altura? Se se demitisse amanhã do seu emprego teria direito a cobrar da Segurança Social? O emprego dos seus sonhos muito provavelmente renderia menos do que o seu emprego actual. Consegue viver com um salário menor e esperar até alcançar a idade legal de reforma para começar a receber benefícios? Valerá a pena esperar? É uma boa ideia dirigir-se aos serviços da Segurança Social da sua área de residência e assegurar-se de que tem todos os factos correctos, porque pode estar a trabalhar sob pressupostos errados.

- **Benefícios da pensão.** Nos anos mais recentes, muitos empregadores descontinuaram os seus planos tradicionais de reforma. Alguns substituíram contas de investimento de reforma e outros deixaram de contribuir com qualquer espécie de benefícios de reforma.

Mas, durante os anos iniciais da sua carreira, o leitor provavelmente estava coberto por diversos planos diferentes de reforma. Vamos dizer que tem 60 anos de idade e que tem estado empregado nos últimos 40. Talvez tenha trabalhado para uma dúzia de empregadores diferentes e pelo menos alguns deles terão oferecido alguma espécie de plano de reforma. Mesmo que tenha tido um trabalho a tempo parcial enquanto frequentou a universidade, pode ter sido incluído no plano de reforma do seu empregador.

Muitos descuidam-se a cobrar as suas contribuições de reforma quando mudam de emprego. Com o entusiasmo de irem para um emprego novo, de se mudarem para uma casa nova e de enfrentarem outras perturbações, podem ter-se esquecido dos seus benefícios de reforma. No entanto, se o seu emprego durou um certo período de tempo, as suas contribuições de reforma podem ter sido investidas. Isto significa que tem direito a receber uma pensão quando alcançar a idade de reforma. Provavelmente tem direito não só às suas próprias contribuições, mas também às contribuições do seu empregador, mais os juros que estes fundos possam ter gerado ao longo dos anos.

É possível que as suas mudanças de endereço não tenham sido transmitidas aos administradores dos fundos e eles perderam rapidamente o seu rasto. Faça um esforço e contacte cada um dos seus empregadores anteriores e inquirira sobre a forma como os fundos são administrados e se estes se encontram ou não em seu nome. A Internet vai permitir-lhe localizar esses empregadores e obter os seus endereços e números de telefone actuais. Talvez tenha de fazer de detective, investigar fusões, *buy-outs*[*] e alterações de nomes, mas geralmente é possível identificar alguém que poderá responder às suas questões.

Os seus investimentos

Com que outras fontes de rendimento pode contar quando se reformar? Comece por fazer uma lista de todas as suas contas poupança reforma incluindo o saldo de cada uma delas actualmente. Depois adicione outras acções, obrigações e fundos de investimento que tenha. E que outros bens tem? Faça uma lista com todas as contas bancárias, o conteúdo do cofre e quaisquer investimentos imobiliários que tenha.

Contas extraviadas. Tal como acontece com as pensões, por vezes é possível extraviar contas poupança reforma. Como estes investimentos são um fenómeno relativamente recente, provavelmente não vai ter necessidade de recuar até aos seus tempos de universidade, mas ainda vai ter de pensar sobre os benefícios que os seus vários empregadores ofereciam. Alguns, por exemplo, podem ter incluído acções como parte do seu pacote de benefícios. As opções de subscrição de acções provavelmente expiraram, mas será possível que tenha escondidos algures alguns velhos certificados de acções? Mesmo que os tenha perdido, é ainda possível localizá-los através da empresa que os emitiu ou da sede dessa empresa.

Propriedade por reclamar. A propriedade por reclamar é uma outra fonte de rendimento que pode investigar. Geralmente, o sonho de se recuperar milhares de dólares de propriedades por reclamar é somente isso: um sonho.

---

* **N. T.** Aquisições integrais.

Mas, mesmo assim, aqui ficam outras fontes de capital que podem estar à sua espera:

- Uma velha conta poupança.
- Um cofre no banco.
- Uma herança de um parente afastado.
- Certificados de acções esquecidos.
- Títulos de propriedade.
- Um último cheque de salário que se esqueceu de levantar.
- Cauções de serviços públicos que se esqueceu de reclamar.
- Cauções de arrendamento de casa.
- Receitas de seguros de vida.

Provavelmente não vale a pena despender demasiados esforços nesta procura, mas pode ser útil passar algum tempo a tentar lembrar-se das mudanças de casa e de emprego que fez no passado, principalmente as que tiverem sido feitas subitamente e à pressa.

Quando um banco, um serviço público ou um fundo de pensão são incapazes de localizar o proprietário, geralmente têm de manter a propriedade por reclamar durante cinco anos e depois devolvê-la ao Estado, que, normalmente, tem de salvaguardar essa propriedade "até à perpetuidade". Se o Estado leiloar os objectos, como o conteúdo de um cofre bancário, tem de guardar os lucros da venda para o dono do cofre. O Estado tem um departamento responsável pelos casos de propriedade por reclamar e o leitor pode verificar se existe alguma propriedade em seu nome (todos os nomes que alguma vez tenha utilizado, bem como quaisquer variações e erros ortográficos que possam ter impedido a sua notificação). Para localizar este departamento na sua área de residência, escreva "propriedade por reclamar" e o nome do local em qualquer motor de busca. Muitas empresas de *e-business* legítimas ou "não tão legítimas" irão oferecer-se para tentar encontrar os seus tesouros escondidos, mas é mais fácil e mais barato fazer a sua própria busca.

Como já foi referido, o risco é uma grande preocupação conforme envelhecemos. Se um investimento correr mal já não temos tempo para esperar até que se rentabilize outra vez. Muitos peritos recomendam que se comecem a reduzir os investimentos voláteis e se aumentem os investimentos mais estáveis (ainda que possivelmente menos rentáveis). Geralmente, isto significa vender acções e substituí-las por obrigações, fundos equilibrados ou certificados de depósito. Pergunte ao seu gestor de conta ou consultor financeiro como pode estabilizar os seus activos.

Fazer contas

Nesta altura já deve ter uma lista completa do rendimento que estará à sua disposição quando decidir reformar-se. Provavelmente parece imenso dinheiro. No entanto, lembre-se que este vai ter de durar o resto da sua vida. Não há nada pior do que ser velho e pobre. Conforme for envelhecendo, pode antecipar muitas novas despesas. Isto quer dizer que vai ter de pagar a pessoas para prestarem serviços que já não consegue fazer sozinho, tais como a limpeza da casa ou a manutenção do jardim.

Então, quanto é que pode gastar anualmente do seu "pé-de-meia" sem o esgotar? Imaginemos que, para além da Segurança Social, conseguiu acumular somente 150 mil dólares em activos. Os consultores financeiros aconselham que não se gaste mais de quatro por cento dos activos no ano da reforma e que se aumente esta quantia muito ligeiramente nos anos seguintes. Isto significa que vai viver da Segurança Social, adicionando mais seis mil dólares. O pagamento médio da Segurança Social é de cerca de 950 dólares* por mês, ou seja, 11 400 dólares por ano. Admita! Isto não chega para se viver. Se os seus activos forem de 300 mil dólares, então pode retirar com segurança 12 mil dólares do seu "pé-de-meia". Mas ainda vai precisar de mais dinheiro para viver confortavelmente. Onde irá encontrar mais dinheiro?

Lucros da venda de uma casa. Se for como a maioria, deve ter comprado uma casa ou um apartamento assim que conseguiu juntar a entrada requerida. Ao longo dos anos, conseguiu pagar a hipoteca mensalmente e talvez tenha usado a casa

---

* **N. T.** Os valores apresentados são referentes à realidade norte-americana. Em Portugal, a pensão média ronda os cerca de 450 euros mensais.

como garantia para comprar outras casas que satisfizessem as suas necessidades. Nos EUA, a National Realtor Coldwell Banker realiza anualmente uma pesquisa sobre os preços das casas no mercado. Em 2005 o preço médio de uma casa de família tinha aumentado para 401 767 dólares, um aumento de 13,3 por cento em relação ao ano anterior. Se tiver uma casa e tiver feito os pagamentos ao longo destes anos, o seu património pode valer bastante. Uma das principais decisões que terá de enfrentar vai ser se quer manter o seu capital empatado numa casa ou se vai querer utilizá-lo para outros fins.

Tirar partido do património da sua casa. Quando estiver a fazer os seus planos, é boa ideia pensar no capital como se fosse poder, no sentido em que este lhe vai dar poder sobre a sua vida. O património da sua casa pode ser utilizado de muitas maneiras, algumas das quais podem de facto alterar o seu futuro. Muitos ou ficam com as casas até não conseguirem levar uma vida independente ou usam todo esse capital para comprar uma outra casa. No entanto, Bob e Sarah tiveram uma ideia diferente. Os filhos estavam crescidos e eles já não tinham necessidade de tanto espaço só para eles os dois. Embora ambos estivessem ainda saudáveis e activos, sabiam que a sua casa de três andares não lhes iria satisfazer necessidades futuras. Juntos, fizeram uma lista dos espaços que iriam necessitar para os seus passatempos e para terem uma vida activa nos anos que ainda tinham pela frente. Uma casa mais pequena iria necessitar de menos manutenção e uma que tivesse apenas um andar iria permitir-lhes continuar a ser independentes. Na verdade, viver num apartamento é uma boa opção para muitas pessoas de meia-idade porque as liberta de muitas tarefas e encargos inerentes à posse de uma casa, tais como tratar do jardim. No entanto, Bob e Sarah decidiram comprar uma pequena casa familiar. Desta vez, porém, retiveram a maior parte dos lucros da venda da sua casa. A entrada para a casa nova foi suficientemente elevada para permitir que os pagamentos mensais da hipoteca sejam relativamente baixos. O resto das receitas da venda vai para um título do Tesouro ou para outro investimento de baixo risco, que lhes renda benefícios mensais. Os fundos extras permitem-lhes adiar recorrer à pensão da Segurança Social até atingirem a idade legal de reforma, bem como maximizar o rendimento da pensão e do investimento. Também lhes dá liberdade para explorarem possibilidades interessantes de empregos com salários mais baixos do que os actuais.

Maximizar o seu património mudando de localidade. Vejamos um outro exemplo de um casal que vendeu a sua casa. Vamos chamar-lhes Sr. e Sra. Médio. Actualmente residem num subúrbio de Filadélfia, onde o preço médio das casas é de 574 567 dólares. Como os preços têm subido consistentemente e eles já possuem a casa há 20 anos, devem somente 50 mil dólares da hipoteca. Portanto, se vendessem a casa teriam um lucro líquido de cerca de 525 mil dólares. O que torna a sua situação ainda melhor é que não precisam de pagar impostos sobre a maior parte do dinheiro. Nos EUA, um casal em regime de matrimónio pode excluir até 500 mil dólares de lucros provenientes da venda da sua residência principal, desde que a possuam e tenham vivido nela pelo menos durante dois anos.

Na nossa vida raramente temos este montante à disposição. Claro que o Sr. e a Sra. Médio têm de encontrar outro espaço para viver. Se acharem conveniente reduzir os seus requisitos, devem ser capazes de encontrar uma outra casa na sua área e que corresponda às suas necessidades por 300 mil dólares. Neste caso, o Sr. e a Sra. Médio podem dar 50 mil dólares de entrada e continuar a pagar mensalmente mais ou menos a mesma quantia. Mas agora têm 475 mil dólares que podem investir num título do Tesouro ou num investimento de baixo risco, o que lhes assegurará um rendimento para o resto da vida.

Na verdade, o Sr. e a Sra. Médio podem fazer ainda melhor que isto, se estiverem interessados em mudar de localidade. Lembre-se que eles estão a vender uma casa na zona de Filadélfia por 574 567 dólares. Se gostarem de sol e de praia, talvez não se importem de se mudar para Wilmington, na Carolina do Norte, onde o preço médio de uma casa familiar é de 286 650 dólares. Se preferirem as montanhas, podem mudar-se para Billings, Montana, onde o preço médio de uma casa é de 142 500 dólares. Claro que o Sr. e a Sra. Médio já não necessitam de tanto espaço como necessitavam quando os filhos eram mais novos, portanto devem ser capazes de encontrar exactamente o que querem em Billings, abaixo do preço médio. Se gostarem de um pouco de luxo, talvez escolham uma casa mais extravagante que é ligeiramente mais cara. Seja como for, depois de pagarem a entrada vão ter ainda mais do que 500 mil dólares, o suficiente para lhes proporcionar um rendimento permanente que cubra a maioria das suas necessidades. De facto, a diminuição do valor da hipoteca e o custo de vida mais baixo em Billings ou em Wilmington podem significar que os seus problemas monetários acabaram e que podem agora seguir os seus interesses, sem nunca mais terem de se preocupar com dinheiro.

Desenvolver um plano

O objectivo deste capítulo foi proporcionar ao leitor um conjunto de ideias que lhe permita elaborar um plano pessoal para um estilo de vida compensador. Esperemos que já tenha esclarecido o que quer da sua vida e quanto dinheiro vai precisar para o fazer. Não se preocupe se ainda não se conseguiu decidir sobre alguns aspectos. Já reduziu as suas opções e já pôs de lado as lentes optimistas que lhe estavam a dificultar a estimativa dos seus recursos financeiros. Se for como muitos de meia-idade, já descobriu que não pode esperar viver confortavelmente num futuro previsível se não continuar empregado e adiar a reforma. Também já percebeu que um emprego não tem de significar longas horas de tédio. Um emprego pode tornar-se o centro de um estilo de vida mais feliz e com mais significado. Munido deste autoconhecimento, está agora pronto para começar a explorar as oportunidades e os desafios que o esperam lá fora no mercado de trabalho.

Capítulo 2

Ir daqui para ali: o que o está a impedir?

SE FEZ A ANÁLISE APRESENTADA no primeiro capítulo, provavelmente já tomou uma decisão provisória. Se essa decisão passa por encontrar um novo emprego que lhe dê mais satisfação, amigos e outras recompensas pessoais, então chegou a altura de se preparar. Não vai ser fácil, mas pode ter tomado uma das melhores decisões da sua vida.

Contudo, esta ainda não é a altura para imprimir uma dúzia de cópias do seu currículo e se atirar de cabeça na procura de emprego. Provavelmente aconteceria uma de duas coisas: o seu currículo seria saudado com um igual número de respostas de "obrigado, mas não obrigado" (iremos abordar isto mais à frente) ou se, por qualquer razão, os Céus o favorecessem e encontrasse um emprego, este provavelmente seria pouco melhor do que o seu emprego anterior.

Tempo de preparação

Em vez de se atirar imediatamente para o meio do "combate", reserve algum tempo para se preparar. Isto não significa despedir-se do seu emprego actual. Como deve saber por experiências anteriores, ter de admitir que se está desempregado pode ser o "beijo da morte" quando nos estamos a candidatar a outro emprego.

Pondere cuidadosamente se consegue manter-se no seu emprego actual durante mais ou menos seis meses. Se conseguir, a sua transição será bem mais fácil. Se, no entanto, decidir que não consegue, então não vale a pena arriscar o seu bem-estar físico e mental. Vai ter de aceitar o facto de que a sua procura de emprego irá ser ainda mais difícil. Mas não vai ser impossível e a sua disposição mental mais optimista irá neutralizar alguns dos aspectos negativos.

Considere o seu local de trabalho como um laboratório

Digamos que, por enquanto, decidiu permanecer no seu emprego actual. Isto vai dar-lhe uma boa oportunidade para o considerar como uma espécie de laboratório. Se trabalhou no mesmo tipo de ambiente durante muitos anos, vai querer assegurar-se de que não o leva consigo quando partir. Depois de tantos anos, esse ambiente pode ter-se tornado uma parte de si. Será que interiorizou a competição e a desconfiança de que se está a tentar livrar? Pelo menos uma parte do que enfrentou no emprego provém de dentro de si, portanto, para mudar o seu ambiente, vai ter de se mudar a si mesmo.

Conhecer-se

Então, como é que fica a saber se um ambiente negativo de trabalho se tornou uma parte de si? Provavelmente, a melhor forma de responder a esta pergunta é olhar bem para o que faz fora do emprego. Como age nas suas actividades de lazer? Aborda uma reunião no clube ou um torneio de fim-de-semana de futebol da mesma forma competitiva com que aborda o seu trabalho? Dá por si a olhar para os seus amigos, vizinhos e até família como obstáculos ou como pessoas que deveriam fazer as coisas à sua maneira?

Se receia que as respostas a estas perguntas possam ser "sim", tente distanciar-se e analise a forma como se relaciona com aqueles com quem trabalha. Quando sentir que está a começar a "ferver", afaste-se! Retire-se do conflito. Force a sua tensão arterial a baixar e diga a si mesmo que não tem importância. Não vai continuar nesse emprego por muito mais tempo e está a preparar-se para uma vida mais gratificante. Cada vez que sentir ansiedade, medo, hostilidade, raiva ou outras fortes emoções negativas, olhe bem para elas. A maioria sente todas estas emoções numa ou outra situação laboral. Elas são parcialmente impulsionadas por factores externos, tais como um chefe ofensivo ou exigências contraditórias. Mas também são geradas pelos nossos próprios egos, ligeiramente neuróticos. Muitos anos num ambiente de "panela de pressão" podem alterar os seus objectivos e valores. Com o tempo, um enfoque demasiado competitivo no dinheiro e no poder pode mesmo mudar a sua relação com os outros.

Não leve a "panela de pressão" consigo

Quando se demitir ou se reformar do seu emprego actual, é essencial que deixe para trás essas atitudes neuróticas, mas isto é algo que é mais fácil de dizer do que fazer. A única forma de o fazer é identificar todos os seus comportamentos negativos e lidar com eles um a um. Use este tempo enquanto está a preparar o futuro para se aceitar a si mesmo. Cada vez que a raiva ou a inveja emergirem, tente perceber o que as causou. Depois substitua a raiva por pensamentos mais maduros e positivos. Olhe para os seus colegas como seres humanos, não como concorrentes. Algumas pessoas de meia-idade perceberam que, depois de terem mudado as suas atitudes, os seus empregos também mudaram. De facto, se ninguém e nenhuma situação o conseguir fazer sentir-se "stressado" ou zangado, pode até aperceber-se de que já nem precisa de mudar de emprego.

Gosta do seu emprego?

Como está a usar o seu local de trabalho como um laboratório, comece a fazer listas do que gosta e do que não gosta no seu trabalho. No final do dia, reveja mentalmente as horas que passou a trabalhar. Quando se sentiu verdadeiramente envolvido no que estava a fazer? Que tarefas lhe deram mais satisfação e quais foram francamente desagradáveis? Muitas das coisas que fez durante o dia tiraram partido dos seus talentos especiais? Tem uma verdadeira aptidão para o trabalho? Diria que, por causa dos seus talentos únicos, consegue ter mais êxito nestas tarefas do que a maioria das pessoas? Se a resposta a estas perguntas for "sim", então provavelmente tem uma carreira que corresponde pelo menos a algumas das suas necessidades e que precisa apenas de alguns ajustes.

Já não é a mesma pessoa

Se, no entanto, se começar a sentir como "uma cavilha quadrada num buraco redondo", uma alteração no cenário não vai resolver os seus problemas. Ao longo dos anos a sua personalidade foi mudando. Não parou de crescer quando se tornou um adulto. Com o passar dos anos, continuou a mudar e desenvolveu aspectos diferentes ou partes de si mesmo que nem sabia que existiam quando era um jovem candidato a um emprego. De facto, quando era um jovem de 18 ou 19 anos a escolher a especialização universitária provavelmente pouco sabia sobre si mesmo. Era facilmente influenciável por outros, bem como por livros, televisão e cinema. Talvez tenha escolhido uma carreira porque admirava particularmente um professor, uma personagem televisiva ou qualquer outro modelo. Ou talvez os seus pais lhe tenham dito que tinha tudo para ser médico, padre ou qualquer outra profissão que eles gostariam de o ver seguir. Pelo contrário, talvez um dos seus professores lhe tenha dito que não tinha aptidão para uma determinada carreira. No entanto, quem quer que tenha feito uma declaração destas quis simplesmente dizer que a sua imagem não correspondia à imagem que tinha de determinada profissão. Esta pessoa, que pode ter mudado o curso da sua vida, provavelmente pouco sabia sobre si e sobre os seus talentos únicos.

Porque sabemos tão pouco sobre nós mesmos quando somos novos, tendemos a acreditar naquilo que nos dizem e agimos em conformidade. Quando olha para a sua vida profissional, consegue ver um ponto de viragem, um ponto no qual fez uma escolha que, em certo sentido, o deixou parado nos carris? Uma escolha que o impediu de explorar outras carreiras, possivelmente mais gratificantes?

Explorar novos territórios

É uma das muitas pessoas de meia-idade que está insatisfeita com o seu emprego, mas que não sabe bem o que gostaria fazer? Depois de uma carreira activa, a reforma não soa muito atractiva, mas talvez tenha apenas umas noções vagas sobre o género de trabalho que gostaria realmente de fazer. Se observar cuidadosamente, vai encontrar muitas pistas nas suas próprias experiências de vida. Analise os seus êxitos passados, tanto na sua vida pessoal como profissional; devem começar a emergir padrões. Em alguns empregos foi mais feliz e mais produtivo do que noutros. Precisa de um ambiente organizado para ser eficaz – ou talvez seja exactamente o oposto e aprecie um emprego mais livre, menos estruturado, com menos regras e com mais espaço para poder expressar a sua individualidade. Gosta de trabalhar sozinho ou está no seu melhor quando faz parte de uma equipa?

Embora analisar o seu passado possa ser um exercício muito produtivo, este encontra-se também limitado pela sua experiência. O que mais existe lá fora? Se tivesse escolhido um caminho diferente teria sido mais feliz? Como não se pode andar para trás no tempo, não existe forma de ter a certeza. No entanto, existem maneiras de analisar as experiências de outras pessoas e adequá-las à sua situação. Pode perguntar, por exemplo, quais são as carreiras mais adequadas para aqueles que têm as suas características.

Inventários de interesses e outros testes de carreira

Como nunca foi criada uma lista de empregos com o seu nome nela, vai ter de se conformar com informações um pouco menos pessoais. Existe, no entanto, uma categoria de testes psicológicos, que se chama "inventário de interesses", que se aproxima muito de uma lista deste género. O mais conhecido é o "Inventário de Interesses Fortes". Para criar o teste, os editores identificaram milhares de pessoas que dizem ser felizes e ter êxito na ocupação que escolheram. A essas pessoas foi então feito um teste que revelou os seus interesses e atitudes, não as suas competências técnicas. Ao longo dos anos, houve muitos que fizeram o teste, o que permitiu que haja hoje um perfil para o homem ou mulher típico em cada área ocupacional. As suas respostas às perguntas do teste são comparadas com o perfil de um guarda-florestal típico ou de uma advogada típica. O teste, no entanto, não verifica se o candidato tem ou não resistência para um emprego no exterior ou se tem ou não a inteligência necessária para passar no exame da Ordem dos Advogados. Um católico pode ter uma classificação elevada na escala desenvolvida para um rabi, embora nada saiba sobre a religião judaica. Apesar desta aparente falha, os inventários de interesses acabam por ser surpreendentemente bons a antecipar o êxito na maioria das ocupações.

Para além dos inventários de interesses, foi criada uma alargada variedade de testes que ajudam as pessoas a seleccionar carreiras. Um dos grandes benefícios de se matricular na sua universidade local ou num instituto superior é o acesso aos seus serviços de aconselhamento profissional. Muitas destas instituições de ensino oferecem testes grátis ou cobram uma importância muito razoável. Pode inquirir quais os testes que estão à disposição, bem como a informação que pode retirar de cada um deles.

Existem ainda alguns testes na *World Wide Web* e é possível que um ou mais deles o alerte para uma faceta da sua personalidade que não sabia que tinha. Por exemplo, a Career Key (*www.careerkey.org*) oferece um teste psicotécnico bem concebido por 7,95 dólares e o anunciante de empregos Monster (*www.monster.com*) tem um teste grátis, mas muito curto, baseado no inventário de personalidades Myers-Briggs. Mas, se tiver a oportunidade de ter aconselhamento profissional para a sua carreira, vai ficar mais feliz com o resultado. No entanto, tenha cuidado para não encorajar inadvertidamente o conselheiro a dizer-lhe o que deve fazer. Está à procura de informação objectiva e não de um substituto para o tal professor ou membro da sua família que influenciou a sua escolha de carreira na juventude.

Reviver os seus sonhos

Talvez ao longo dos anos se tenha ocasionalmente recordado de um sonho da sua juventude e se tenha interrogado se deveria ou não agir em conformidade com esse sonho. Porém, cada vez que pensou em viver o seu sonho, acabou por desistir. Decidiu que já tinha ido demasiado longe na sua carreira actual para começar tudo de novo. Talvez neste momento, ao considerar uma mudança de emprego, esse sonho continue teimosamente no fundo da sua mente. Diz a si mesmo que é demasiado velho para abraçar uma carreira nova. Seria mais fácil ficar com um emprego com pouco *stress*, só para se manter ocupado até que finalmente se decida a reformar-se. Mas uma carreira completamente nova? Levaria anos e iria implicar um esforço enorme.

Talvez não esteja inteiramente preparado para se comprometer com um empreendimento desta grandeza. Na verdade, existem algumas carreiras que é melhor serem iniciadas quando se é novo e capaz de trabalhar muitas horas todas as noites. No entanto, é mais provável que a carreira em que está a pensar signifique um razoável esforço e compromisso, mas que não exija mais do que aquilo que tem para dar.

A história de Lil

Tenho uma grande amiga que decidiu iniciar uma nova carreira quando tinha 60 anos. De facto, decidiu mudar toda a sua vida. Lil percebeu que continuar com um marido alcoólico não estava a ajudar nenhum dos dois. Com os filhos já crescidos, podia lamentar-se sobre o que a sua vida poderia ter sido ou fazer algo construtivo para a mudar. Escolheu divorciar-se do marido e voltar à universidade, que tinha abandonado no final do primeiro ano. O sonho que tinha abandonado há tantos anos era tornar-se arquitecta e o caminho para obter o diploma nesta área é particularmente difícil. Recuperar capacidades que tinham estado adormecidas durante 40 anos não foi uma tarefa fácil. Viver com o ordenado de uma trabalhadora-estudante também não era fácil, mas Lil percebeu que conseguia fazê-lo. Obviamente que estava sob pressão, mas também estava a apreciar a sua nova vida. Por vezes tinha de lutar contra os caprichos da sua memória mas também se sentia revigorada, como se pela primeira vez em muito tempo estivesse completamente viva.

Lil tem agora 90 anos. Claro que nem todos conseguimos viver até esta idade, mas quem a conhece está convencido de que a escolha de carreira de Lil foi tão responsável pela sua longevidade como os seus genes saudáveis. Trinta anos é muito tempo. Foi o tempo suficiente para se licenciar, tirar um mestrado e passar nos seus exames profissionais para ser arquitecta. Foi tempo suficiente para fazer o estágio num gabinete local de arquitectura, para se tornar uma arquitecta a tempo inteiro e para limitar o seu compromisso para tempo parcial, quando começou a sentir que o seu trabalho era demasiado cansativo.

Actualmente, Lil já não desenha casas, mas ainda se encontra envolvida na sua empresa. Ela diz que apenas "anda por ali". O relativamente novo *senior partner* diz que Lil assumiu dezenas de pequenas tarefas que mantêm a empresa a funcionar na perfeição. Lil tem uma série de queixas a nível físico, incluindo uma anca artificial que a incomoda quando faz frio. Quando não quer arriscar uma saída com os passeios cobertos de gelo (no Inverno passado caiu, o que a deixa um pouco nervosa), envia os seus ficheiros CAD por *e-mail*. Ela diz que os computadores são a maldição da sua vida, mas aprendeu o que precisa de saber para fazer o seu trabalho. Os estudantes universitários do outro lado da rua ajudam-na quando tem uma verdadeira crise, ou quando sente uma necessidade enorme de bater no seu computador. Quando Lil não está a trabalhar, está na Câmara Municipal a apresentar os seus planos para a revitalização do bairro. Este tem sido repetidamente ameaçado de demolição e, todas as vezes, Lil tem conduzido os vizinhos à vitória.

Lil é uma pessoa invulgar. Provavelmente já era alguém extraordinário quando tinha 20 anos; contudo, nunca tinha tido a oportunidade de se envolver e aos seus talentos consideráveis num projecto que realmente a desafiasse. Porém, a mensagem transmitida pela sua vida é tão válida para si como foi para ela: a vida não acaba aos 60 anos. Não fazemos ideia de quantos mais ainda temos, mas 30 anos é demasiado tempo para nos sentarmos numa cadeira de baloiço a sonhar com o que poderíamos ter sido.

O que faz de si aquilo que é?

Mas voltemo-nos para si e para aquilo que gosta de fazer. Gosta de trabalhar sozinho num projecto ou prefere ter outros envolvidos? Trabalhar como elemento de uma equipa melhora o seu trabalho ou interfere com a sua concentração? Gosta de estar com outros e precisa de interacções sociais frequentes ou gostaria de fechar a porta do seu escritório e concentrar-se numa tarefa? Poucos somos completamente "solitários", mas também não somos "personagens" sociais que não suportam estar sós. Estes são os extremos e a maioria situa-se algures na escala. Onde se situa nessa escala tem que ver com o seu nível de conforto. Provavelmente seria uma boa ideia escolher um emprego que lhe permita ter tanto ou tão pouco contacto com outros conforme desejar.

Um trabalho a tempo parcial é o mais certo para si?

Como está a utilizar o seu emprego actual para aprender mais sobre as suas necessidades e preferências, observe bem os colaboradores a tempo parcial. Como já sabe, eles têm pouco poder ou prestígio. Podem ocupar um lugar inferior na hierarquia do escritório a nível de estatuto, mas frequentemente têm uma atitude mais positiva do que os colaboradores a tempo inteiro. Eles não são membros internos e não têm uma posição política na empresa. Portanto, tendem a permanecer imunes às lutas internas do escritório. Também têm mais tempo para gastar na sua vida privada e pessoal e, por conseguinte, o emprego não é o ponto central das suas vidas. Podem geralmente vestir o casaco e sair do escritório depois de algumas horas de trabalho, levando ainda bastante energia para gastar em actividades de lazer.

Por outro lado, provavelmente não recebem os mesmos benefícios que o leitor. Podem não ter direito a baixa por doença, férias, seguro de saúde e outros benefícios que vêm com uma posição a tempo inteiro. Se tivesse um emprego semelhante, como conseguiria viver? A maioria pensa que o trabalho a tempo parcial é o melhor dos dois mundos, quando a tal se podem permitir. E o leitor, tem possibilidade de trabalhar a tempo parcial? Tem direito aos benefícios oferecidos pela Segurança Social? Já averiguou junto de clubes e de associações que oferecem seguros de saúde aos seus membros?

Muitos planos de reforma permitem que se aumente gradualmente o montante de dinheiro que se vai receber por mês, de forma que pode começar por receber pequenos cheques mensais que complementem o seu salário como trabalhador a tempo parcial. Na realidade, por vezes a única coisa de que realmente precisa é dos juros que a sua conta está a acumular. À medida que for envelhecendo, irá receber gradualmente uma quantia maior para compensar a diminuição do rendimento e o aumento do custo de vida. Fale com um representante do seu plano de reforma ou com um gestor financeiro. Provavelmente vai descobrir que tem mais opções do que pensava.

Explorar outros horários de trabalho e opções de benefícios

Quando há alguns anos estava a tomar decisões profissionais, as suas opções não eram muitas. Trabalhava as tradicionais 40 horas semanais (que na realidade podem ter sido 60 ou mais horas, se levava trabalho consigo para casa à noite), ou trabalhava em turnos que lhe tinham sido atribuídos. Já tinha um trabalho a tempo inteiro ou esperava ter um. As opções de hoje são mais variadas e deve considerar aquelas que possam interessá-lo. Aqui estão algumas das possibilidades:

- Horário flexível.
- Semana laboral comprimida.
- Redistribuição do trabalho.
- Redefinição do trabalho.
- Empregos temporários/de substituição.
- Partilha de emprego.
- Reforma faseada.
- Teletrabalho.

Os empregadores estão finalmente a perceber que um "tamanho" não serve a todos e, portanto, existem muito mais opções do que quando era um jovem à procura de emprego. Investigue algumas destas possibilidades e decida se alguma delas se aplica a si.

Tem mesmo de ser importante?

A ideia de descer uns degraus na escada do estatuto incomoda-o? O seu ego ressente-se só com a mera possibilidade de voltar a ser um "zé-ninguém"? Quase todos temos um amigo ou parente mais velho que quer que toda a gente saiba que já foi alguém importante. A minha história pessoal diz respeito a Jim, mas provavelmente poderíamos substituir o seu nome pelo de meia dúzia de amigos ou de conhecidos que temos. Só os detalhes seriam diferentes.

Durante a sua carreira, Jim teve uma série de empregos importantes em grandes empresas. Ao contrário de muitos, conseguiu reformar-se cedo e usufruir de um pacote de indemnização muito generoso que o seu último chefe lhe proporcionou. Em vez de se sentir encantado com esta oportunidade dourada de viver a vida dos seus sonhos, o ego de Jim não foi capaz de se adaptar totalmente a esta mudança. Durante todos aqueles anos em que trabalhou no mundo das empresas, Jim absorveu gradualmente um conjunto de valores que não tinham relação com a vida real. Na sua empresa, todos tinham o seu lugar bem definido na ordem hierárquica. De facto, isso era o mais importante dentro da empresa. A pessoa era vista como um ser humano valioso somente se a sua posição a tal correspondesse. Ao longo dos 30 anos de vida profissional no mundo empresarial, Jim passou gradualmente a ver o seu estatuto no trabalho como uma espécie de relatório de avaliação de toda a sua vida.

Quando Jim se reformou, levou esses mesmos valores para casa com ele. À medida que começou a preencher o seu tempo com actividades interessantes, sentiu-se impelido a repetir várias vezes os pormenores da sua carreira e dos cargos importantes que tinha ocupado a todos os que lhe dessem atenção. Quando se candidatou a um trabalho a tempo parcial, pura e simplesmente irritou o entrevistador ao enviar-lhe sinais de que era demasiado bom para a função.

A história de um "zé-ninguém"

Por outro lado, o meu amigo Walter adorava ser um "zé-ninguém". Walter foi muito importante na minha vida e continua a ser o meu modelo para envelhecer com graciosidade. A carreira de Walter foi bem sucedida e ele acabou por se tornar supervisor das escolas de um grande distrito. Embora fosse um ambiente altamente competitivo, Walter conseguiu sempre divertir-se. Contudo, nessa época a reforma era automática aos 65 anos de idade e Walter viu-se "empurrado para um canto".

Sinceramente, não sei o que de facto se passou depois, porque Walter tinha muitas histórias engraçadas sobre a forma como arranjou o seu trabalho a tempo parcial na biblioteca da universidade local. Numa das histórias que contava muitas vezes, o director da biblioteca encontrou-o a pedir na rua e teve pena dele. De qualquer forma, o trabalho certamente não era fácil. Era uma ocupação a tempo parcial e aborrecida, a colocar etiquetas nos livros e a fazer outras tarefas igualmente monótonas. Mas, Walter decidiu que se iria divertir. Iria apreciar aquele emprego e iria ser ele mesmo de uma forma que nunca tinha sido possível quando supervisionava centenas de colaboradores.

Walter adorava ser um "zé-ninguém". Trabalhava muito, mas onde era realmente excelente era com as pessoas. Apreciava os seus colegas e deleitava-se com os estudantes e os docentes que iam até à biblioteca. À medida que o tempo passava, verificou-se gradualmente que muitos talentos de Walter estavam a ser desperdiçados. Como era um contador de histórias nato, pediram-lhe que fizesse visitas guiadas para o lar da terceira idade e outros grupos que visitavam a biblioteca com frequência. No entanto, Walter continuou a retirar prazer em ser um "zé-ninguém" e as novas responsabilidades nunca alteraram o seu prazer nem o seu sentido do ridículo. Trabalhar apenas a tempo parcial permitiu-lhe permanecer durante muitos anos no emprego, até ter realmente muita idade. Conforme o tempo foi passando, Walter foi ficando mais fraco e a sua memória de curto prazo falhava muitas vezes. Mesmo assim, as suas competências como contador de histórias melhoraram sempre e as gargalhadas dos grupos que ele entretinha com tanta perícia continuavam a aumentar.

Nem todos conseguem ser um Walter e as escolhas que ele fez podem não ser as mais apropriadas para si. Um trabalho a tempo parcial não é para qualquer um, mas analise as possibilidades cuidadosamente antes de pôr a ideia de lado. Se decidir que necessita dos benefícios, do rendimento ou do prestígio de um trabalho a tempo inteiro, talvez consiga arranjar mais tempo para recarregar as suas baterias e mais energia e entusiasmo para as actividades de lazer. Se for capaz de se "reciclar" de forma a permanecer confortavelmente no mesmo degrau da escada, poderá conseguir deixar o seu emprego para trás ao fim do dia e começar a divertir-se.

A história de um "touro"

Cada um de nós começou a vida como um indivíduo único e foram os anos que nos moldaram em adultos totalmente formados. A "pessoa" que tem estado a trabalhar ao longo destes anos é a mesma que vai fazer estas mudanças na vida. Vai ter muitas oportunidades para trabalhar nos seus maus hábitos, mas não espere vir a tornar-se alguém diferente. Talvez a história de Mel ilustre esta ideia. Mel fugiu de casa e alistou-se na Marinha quando tinha 16 anos. A vida em casa com um pai violento era complicada e ele aprendeu a sobreviver da forma mais difícil.

Depois da dolorosa passagem por uma guerra, Mel viu-se de novo na vida civil não tendo sequer terminado o ensino secundário. Por pura determinação e força de vontade, passou nos exames de equivalência a esse nível de ensino e completou uma formação universitária. Os impulsos e a personalidade agressiva que lhe permitiram superar a infância difícil, sobreviver à guerra e seguir em frente na universidade eram exactamente as qualidades necessárias para se ter êxito no mundo empresarial. A vida tornara-o muito competitivo e, apesar de os seus chefes se sentirem desconfortáveis com a sua atitude determinada e por vezes insensível, conseguia sempre completar o seu trabalho.

Embora tenha ascendido até ao cargo de *senior vice president* numa grande empresa, na sua vida privada não foi bem sucedido. Tanto a mulher como os filhos não aceitaram bem o seu estilo autoritário. Quando o filho mais novo entrou para a universidade, Mel já se dava mal com toda a família e nos anos seguintes teve muito pouco contacto com os filhos. Se perguntasse a Mel o que se passou com a sua família, ele dir-lhe-ia que a culpa era toda sua. Embora fosse um pai responsável e ciente das suas obrigações, nunca conseguiu deixar no escritório o executivo ambicioso que era.

Mel chegou à idade da reforma com poucas perspectivas de um futuro feliz. Uma batalha amarga pelo poder no escritório fê-lo sair com um acordo financeiro que deixaria muitos cheios de inveja. Mel nunca tinha pensado em se reformar, mas, em menos tempo do que leva a dizê-lo, decidiu mudar-se para a Florida e dedicar-se à pesca. Provavelmente consegue imaginar quanto tempo durou esta fase. É claro que não estava preparado para este tipo de vida. Passados seis meses, estava de volta ao trabalho, desta vez numa empresa de corretagem, onde aplicou os seus consideráveis talentos e amealhou rapidamente mais capital. Mais uma vez, os seus colegas não apreciaram os seus jogos de poder e Mel decidiu demitir-se enquanto ainda estava "na mó de cima".

Mel tinha agora mais dinheiro do que precisava, mas muito poucas satisfações. Contudo, existia ainda um "raio de sol": afinal, revelou-se um avô muito bom. Embora os seus filhos ainda mantivessem a distância, concordaram gradualmente em enviar os seus filhos algumas vezes por ano para irem visitar o avô. Por alguma razão, conseguia comunicar com os netos de uma forma que nunca tinha conseguido fazer com os seus filhos.

Mel tentou uma dúzia de passatempos diferentes, clubes e trabalho de voluntariado; mas, nenhum o satisfez. A sua personalidade ambiciosa isolava-o dos vizinhos e, embora tivesse sucesso nos negócios, os outros raramente gostavam dele. No entanto, o afecto de Mel pelas crianças crescia de forma segura; este parecia ser o único aspecto da sua vida que estava a funcionar. A melhor parte da sua semana era o tempo que passava como voluntário no hospital pediátrico local. Mas, depois de vários anos como voluntário, Mel soube que o hospital estava em risco de fechar. Uma das principais fontes de financiamento tinha desaparecido e os custos estavam a aumentar.

Um dia, na mercearia, Mel pegou num frasco de molho de esparguete Newman's Own. Provavelmente conhece esta empresa, fundada pelo actor Paul Newman. Os seus produtos são conhecidos pela qualidade, mas a empresa difere de todas as outras porque todos os seus lucros são doados para fins de solidariedade social. Inspirado por uma ideia súbita, Mel foi para casa e telefonou para a sede da Newman's Own. Durante uma semana, quase levou o pessoal da empresa à loucura, tentando conseguir informações mais detalhadas. Depois, levou a sua ideia ao seu espantado advogado e o resto, como se diz, é história. Mel, com 75 anos de idade, iniciou com êxito um negócio de *e-commerce*, com o seu neto adolescente na segunda posição de comando. No fim de cada auditoria anual, todos os lucros são entregues ao hospital pediátrico. Mel não é diferente do que sempre foi e o neto herdou a sua personalidade. As suas batalhas são lendárias, mas tanto o negócio como a relação entre os dois estão de boa saúde. Embora a empresa de Mel não seja a única fonte de rendimento a manter o hospital aberto, dá uma enorme contribuição para a saúde e para a felicidade de muitas crianças doentes.

Por fim, Mel conseguiu encontrar o seu caminho, com um emprego e um estilo de vida adequados para ele. Teria sido melhor, no entanto, se tivesse analisado os seus pontos fortes e os seus pontos fracos muitos anos antes. Se se tivesse conhecido melhor a si mesmo, podia não ter perdido tanto tempo a tornar-se infeliz. Se tivesse sabido a verdade, Mel teria ficado cansado do mundo dos negócios muito antes de ter sido posto de lado; mas ele nunca tinha conhecido nada diferente. Tinha escolhido o seu caminho e teimosamente ignorou todos os caminhos secundários que se lhe ligavam. A sua vida foi passada a lutar para subir o degrau seguinte da escada.

Fazer o balanço

Sente-se confiante quando está a trabalhar? Parece-lhe estar a fazer um bom trabalho e que os outros o sabem? Encontra-se "dentro do círculo"? Por outras palavras, sabe o que se passa e tem um papel importante no cumprimento dos objectivos da sua empresa?

Aprender com os mais novos

Conforme envelhecemos, por vezes começamos a sentir-nos marginalizados. Parece que todos seguem numa direcção diferente e ninguém nos deu um mapa para lá chegar. Formaram-se grupos sociais e de trabalho à nossa volta e nós não nos sentimos verdadeiramente parte deles. Talvez tenha chegado a altura de fazer um esforço deliberado para regressar à acção principal: cimentar relações laborais, restabelecer amizades e, de uma forma geral, estar mais atento ao que se passa à sua volta.

Se, de certa forma, se sentir fora de ritmo, chegou a altura de descobrir o que realmente se está a passar no trabalho. Pelo menos em certa medida, o que se está a passar por lá está a passar-se em milhares ou mesmo em milhões de escritórios em todo o mundo. Se tem estado a trabalhar para o mesmo chefe já há alguns anos, pode não gostar de algumas das alterações que se têm verificado. Os da Geração X* tendem a ter uma atitude de trabalho diferente da das pessoas de meia-idade e é natural que se sinta um pouco crítico. Mas são esses os seus colegas e não precisa de concordar sempre com eles para poder apreciar a sua companhia. As competências técnicas, a educação e os interesses são diferentes dos dos colaboradores mais velhos. O seu local de trabalho é o seu laboratório, portanto aprenda mais coisas sobre estas pessoas mais novas. Existem maneiras de comunicar com elas mais facilmente? Consegue adicionar algumas das suas expressões ao seu vocabulário ou mostrar mais interesse nas conversas que têm?

Embora não tenham a sua experiência, os mais novos têm uma compreensão instintiva do mercado de trabalho actual, informação essa de que irá necessitar. Tente perceber o que eles sabem e as competências que têm e que lhe faltam a si. Estas são as competências que os empregadores procuram actualmente. Aceite que os empregadores podem olhar para si como se fosse um "velhote" que não conseguiu acompanhar os tempos. Em que é que as pessoas mais novas diferem? Claro que cada um é como é e não vale a pena tentar transformar-se numa outra pessoa. Contudo, os mais novos, acabados de sair da universidade, vêm equipados com competências que lhe faltam a si, sendo provavelmente os conhecimentos informáticos das mais importantes. Pode sentir-se rodeado de "sabichões" irritantes que enchem todas as frases com vocabulário informático. Pode também sentir que os jovens, que nunca explicam nada com clareza e que simplesmente martelam umas teclas de computador quando se lhes faz uma pergunta, estão a ser condescendentes consigo.

---

* **N. T.** Designação atribuída aos nascidos especialmente nos EUA e no Canadá entre inícios de 1960 e finais de 1970.

Este tipo de experiências podem levar qualquer um a desenvolver uma fobia aos computadores. No entanto, os computadores podem melhorar tanto a sua vida profissional como a sua vida pessoal. Não são só para os mais jovens e, se fizer um esforço, também vai conseguir tornar-se um utilizador de computadores relativamente competente. A coordenação visual-motora é uma das poucas áreas em que as pessoas mais novas são realmente muito melhores do que os seus colegas mais velhos e é isto, provavelmente, que o está a perturbar. Aceite que não aprendeu a utilizar computadores na escola e que vai ser sempre mais lento e ter sempre menos destreza do que os mais jovens. Fazer perguntas é a melhor forma de aprender, mas se não quer expor a sua ignorância fazendo demasiadas perguntas, talvez esteja na altura de começar a tirar alguns cursos de informática numa escola de formação local.

Tem a imagem certa?

Enquanto se está a aproximar dos seus colegas mais novos, observe melhor a forma como eles se vestem e como usam o cabelo. O que vêem eles quando olham para si? Talvez tenha chegado a altura de enfrentar a realidade e de começar a pensar em fazer algumas alterações na sua aparência. Pode, por exemplo, examinar-se atentamente num espelho de corpo inteiro. Parece ter a idade que tem ou até mesmo ser um pouco mais velho do que a sua idade? Mais importante ainda, parece que na realidade não se preocupa com o seu aspecto? Vivemos numa cultura que tende a julgar as pessoas, pelo menos até um certo ponto, pelo aspecto que têm. Obviamente, um homem ou uma mulher de 60 anos não se vai parecer com uma estrela de cinema, mas um aspecto descuidado, uma "barriguinha" e uma roupa fora de moda podem ser a ruína de uma procura de emprego.

Assim que tiver uma imagem clara de si mesmo no emprego, é bom que pense também em empregos passados. Conforme vai pensando na sua carreira, vê uma pequena Lil ou um Walter na forma como abordou o seu trabalho, ou pensa que é mais parecido com Mel? Se pretende continuar a trabalhar num futuro previsível, ser honesto consigo mesmo agora é essencial para a sua felicidade. Já tem idade e sensatez suficientes para se ver tal como é, tanto os pontos fortes como os pontos fracos, mas também teve tempo suficiente para desenvolver uma dúzia de truques para não ter de se enfrentar honestamente. Uma das nossas características como seres humanos é que somos tão capazes de ignorar as nossas qualidades positivas como as negativas. Se o que tem estado a descobrir inclui mais ou menos o mesmo número de aspectos positivos e negativos, provavelmente está a ser razoavelmente objectivo.

No próximo capítulo vamos concentrar-nos nas realidades do mercado de trabalho actual. Para poder lidar eficazmente com elas, vai ter de saber quais as qualidades que o têm ajudado e quais as falhas que podem ser facilmente corrigidas. Claro que é difícil ser honesto consigo; no entanto, os resultados compensam de tal forma o desconforto que vai ter mesmo de o fazer.

Capítulo 3

Perceber o que vai ter de enfrentar

AGORA QUE JÁ TEM UMA IDEIA MELHOR do que pretende tirar de um emprego novo ou de uma nova carreira, o que pode esperar quando reentrar no mercado de trabalho? Se esteve recentemente à procura de emprego, isto não vai ser uma grande surpresa. No entanto, se tem trabalhado para o mesmo chefe há dez ou mais anos, pode ter um choque desagradável. Muitos de meia-idade e mais velhos queixam-se que as suas candidaturas são repetidamente ignoradas. Candidatos com qualificações que não se comparam com as suas são seleccionados para os empregos. Teriam razão em queixar-se de discriminação etária? Talvez não, a não ser que o empregador contratasse alguém que claramente não tivesse as qualificações anunciadas. É mais provável que o empregador tenha bons motivos para escolher um candidato e que tenha tido o cuidado de redigir a descrição do emprego de forma a ter muita liberdade para poder decidir qual a pessoa certa para o cargo.

Saber o que eles querem

O que procuram os empregadores e que estes candidatos mais velhos parecem não ter? O que faz com que por vezes um licenciado acabado de sair da universidade seja mais atractivo para um entrevistador do que alguém com capacidades provadas? Neste ponto, poder-se-ia dizer que a razão pela qual as pessoas de meia-idade não ficam com um trabalho é, pura e simplesmente, discriminação e provavelmente até pode ser verdade. Contudo, quase nunca é "pura e simplesmente" e a indignação, ainda que justificada, não o leva longe. Talvez esta seja uma boa altura para explicar que este texto não trata realmente de defender os seus direitos, nem se dedica a aconselhar medidas legais se por acaso lhe foi injustamente vedado um emprego. Se tem razões específicas para acreditar ter sido vítima de discriminação, então tem de discutir a sua situação com um advogado.

Muitos que processaram um empregador, ou que procuraram justiça junto da Comissão para a Igualdade de Oportunidades no Trabalho e no Emprego, dizem não ter tido qualquer sentimento de realização ou de satisfação, mesmo quando ganharam os casos. Depois de terem gasto um ou dois anos da sua vida, de terem pago as despesas jurídicas e de lidarem com problemas de saúde relacionados com o *stress*, pouco têm a mostrar pelo seu esforço. Sim, é verdade que os empregadores irão ter mais cuidado na próxima vez. Com receio de processos por discriminação etária, irão esconder mais eficazmente as verdadeiras razões que os levaram a escolher um determinado candidato. Lembre-se, porém, que isto é um "manual de guerrilha". Está centrado no êxito. O seu objectivo é conseguir aquilo que realmente quer e um ano marcado pela raiva e pelo desemprego não é com certeza o que tem em mente.

Por agora vai esquecer-se dos seus direitos. Vai começar com o pressuposto de que um empregador geralmente contrata o candidato que seleccionou e o leitor vai transformar-se nesse candidato. A sua experiência e o seu profissionalismo vão certamente ser importantes, mas também vai ter de se tornar mais astuto. Os "candidatos-guerrilheiros" decidem o que querem e fazem uma avaliação honesta e objectiva do que precisam para lá chegar. Se isto significar um pouco de psicologia, um pouco de subterfúgio e mesmo um pouco de encenação, então que assim seja. Se todos os seus esforços falharem, então sim, talvez seja altura de começar a pensar nos seus direitos.

Ver o lado positivo

Existe, no entanto, um lado mais positivo nesta imagem. Se é uma pessoa de meia-idade, faz parte de um enorme grupo demográfico. As primeiras pessoas desse grupo a nascer, em 1945, estão agora a aproximar-se da idade da reforma. Muito em breve, os empregadores vão descobrir que as pessoas de meia-idade constituem na verdade uma parte substancial da força laboral e que não é fácil substituí-las. A geração que se segue é menos numerosa e não é de esperar que preencha todas as vagas. Esta situação irá acabar por lhe dar a si mais capacidade negocial; mas, por agora, os empregos com salários mais elevados e mais desejáveis ainda atraem inúmeros candidatos. Mas, pode vir a descobrir que, se procurar empregos com um estatuto um pouco mais baixo, existem uma série de vagas menos competitivas que estão já a ser afectadas pelo envelhecimento da força laboral. O seu poder negocial a este nível pode ser superior ao que pensava e pode até ser possível negociar benefícios mais interessantes, ou um horário de trabalho que se adapte melhor ao seu estilo de vida.

Estereótipos sobre os colaboradores mais velhos

A discriminação etária está amplamente disseminada na nossa sociedade. Os gestores mais novos tendem a procurar profissionais como eles. Imaginam a forma como fariam um trabalho e procuram candidatos que se encaixem nesse quadro mental. Se quiser ser bem sucedido, vai ter de se adequar tanto quanto possível a esse quadro. Em muitos aspectos, isto não vai ser realmente muito difícil, porque é possível fazer alguns ajustes à imagem que projecta. No entanto, o leitor é como é e, faça o que fizer, não voltará a ter 30 anos. Quando as alterações superficiais não chegam, a sua tarefa vai ser mudar esse quadro, salientando as qualidades positivas que vai trazer para o emprego e desvalorizando as negativas. Aqui ficam alguns dos estereótipos que é provável que venha a encontrar, enquanto retoca esse quadro.

Lei dos Trabalhadores Portadores de Deficiências*

Os mais novos por vezes presumem que qualquer pessoa portadora de uma deficiência não é saudável. A lei esclarece que, se a sua deficiência não interferir com o desempenho do trabalho, não lhe podem negar um emprego. Embora uma acção legal seja geralmente uma solução menos do que satisfatória, é por vezes possível recordar gentilmente aos empregadores que estes têm responsabilidades legais. A ADA, como geralmente esta lei é referida, proíbe a discriminação de candidatos qualificados com base numa deficiência. Se tiver uma deficiência, tem direito a determinados ajustes no emprego. Um potencial empregador não pode partir do princípio que o candidato vai ser incapaz de fazer o trabalho requerido, sem considerar cuidadosamente de que forma o local de trabalho pode ser modificado para ir ao encontro das suas necessidades. Infelizmente, é pouco provável que um empregador lhe diga que tem preconceitos, portanto cabe a si decidir se vai ou não enfrentar o problema. E isto pode ser uma decisão difícil de tomar. Por um lado, não quer chamar a atenção para a sua deficiência. Como quer parecer-se o mais semelhante possível com o empregador e com os outros candidatos, vai tentar parecer jovem e saudável. Por outro lado, a maioria dos empregadores tem pouca experiência em lidar com deficiências e pode vir a decidir sob influência de pressupostos injustificados.

Os formulários de candidatura geralmente incluem uma pergunta sobre a necessidade de o candidato ter ou não acomodações especiais para realizar o trabalho de forma eficaz. Como tem de dar uma resposta verdadeira a esta pergunta, a decisão pode não estar nas suas mãos. Muitos portadores de deficiência dizem que preferem ser completamente honestos.

* **N. T.** No original, *The Americans With Disabilities Act* (vulgarmente designada por ADA). Em Portugal, esta questão está prevista na Lei nº 46/2006 de 28 de Agosto, lei que proíbe e pune a discriminação em razão da deficiência e da existência de risco agravado de saúde, assim como no Código de Trabalho.

Mencionam a deficiência, bem como a acomodação de que necessitam, mas fazem-no de uma forma ligeira. Não solicitam nem compaixão nem piedade. Em vez disso, explicam que já lidaram com a questão e que estão em pleno controlo da sua vida. As pessoas mais novas que nunca estiveram doentes podem considerar este tema confrangedor. Mas se a questão não parecer constrangedora para o candidato, é provável que deixe de o ser para elas.

Normalmente, o incumprimento da ADA pode provar-se muito mais facilmente se já estiver a trabalhar e se o seu chefe o despedir, o despromover para um cargo de salário mais baixo ou se se recusar a promovê-lo. Quando está a candidatar-se a um emprego novo, o empregador tem um imenso poder de decisão. Mas, quando os requisitos estão claramente indicados no anúncio ou na descrição do emprego, um empregador não contrata um candidato com qualificações a menos quando tem à disposição um candidato com as qualificações completas. Se conseguir provar que isso aconteceu, pode ser que tenha um bom caso. Infelizmente, as situações na "vida real" não costumam ser tão claras. As qualificações estão geralmente divididas em duas categorias: "requeridas" e "desejadas". A lista das qualificações requeridas é geralmente curta, enquanto as qualificações desejadas podem constituir uma longa listagem. Se os candidatos puderem razoavelmente afirmar que possuem todas as qualificações da curta lista das "requeridas", um empregador pode seleccionar apenas as que se encontram nas "desejáveis".

Os colaboradores mais velhos são pouco saudáveis

É evidente que à medida que envelhecemos tendemos a ter mais problemas médicos, mas existem imensas provas de que estes geralmente não afectam o desempenho no trabalho. De facto, os colaboradores mais velhos não ficam de baixa mais vezes do que os mais novos e, em muitos casos, até acontece exactamente o contrário. Apesar disso, o seu comportamento no trabalho pode estar inconscientemente a reforçar este estereótipo. Por exemplo, partilhar informação sobre o seu estado de saúde com os seus colegas não costuma ser uma boa ideia. Se alguém lhe perguntar como está, a sua resposta habitual deveria ser "bem" ou, em modos mais recentes, "na boa". É natural que se preocupe com a sua saúde, mas estas preocupações só devem ser partilhadas com a sua família e com os amigos mais chegados. Por vezes, temos o mau hábito de falar da nossa saúde quando não temos mais nada para dizer. Se for totalmente honesto, por vezes o que gosta mesmo é de falar sobre si. No entanto, em vez de deixar que a conversa se centre na sua pessoa, faça uma pergunta. Mostre mais interesse naquilo que os seus colegas têm para lhe dizer.

Parecer em forma e saudável. No outro dia, um amigo estava a contar-me sobre a sua reunião de antigos alunos do secundário. Estava espantado com o quanto os seus colegas tinham mudado. Alguém que não os conhecesse nunca teria adivinhado que tinham todos a mesma idade. Alguns pareciam estar nos seus 40 anos; outros poderiam ter 70 ou mais. Por vezes, uma saúde débil envelhece-nos prematuramente mas, com mais frequência, são aquelas pequenas coisas que fazemos, ou que não fazemos, que mais nos dão um ar envelhecido. Por exemplo, mulheres que usam um pouco de maquilhagem geralmente parecem mais novas do que aquelas que aplicam "carradas" de maquilhagem ou do que as que não utilizam nenhuma. No caso dos homens, estes podem desenvolver uma má postura, o que acrescenta anos à sua idade.

Tem excesso de peso? Muitos estudos têm comprovado que os empregadores discriminam candidatos que têm excesso de peso. Pressupõem que o excesso de peso tem uma probabilidade maior de gerar problemas de saúde (verdadeiro) e de reduzir o nível de energia (frequentemente verdade, mas nem sempre). Ao envelhecermos, tendemos a ganhar meio quilo ou um quilo por cada ano. Isto acontece porque os nossos metabolismos abrandam mas os nossos hábitos alimentares permanecem inalterados. O excesso de peso pode fazer-nos parecer muito mais velhos do que realmente somos. Quando ofegamos depois de uma pequena caminhada ou de subirmos um lanço de escadas, enviamos a mensagem de que já não estamos nem muito saudáveis nem muito activos. Os homens e as mulheres com excesso de peso geralmente andam e sentam-se de uma maneira diferente daqueles que estão em boa forma física; portanto, estão constantemente a enviar mensagens negativas.

Quando aqueles que agora são de meia-idade eram jovens, os padrões para se calcular o peso ideal eram muito diferentes dos actuais. Um homem ou uma mulher podiam pesar consideravelmente mais sem serem considerados obesos. No entanto, as pessoas mais novas cresceram com novos padrões e encaram os outros como tendo excesso de peso. De facto, a dieta actual impõe uma silhueta muito esguia. Não passe o tempo a acusar mentalmente os seus colegas de anorexia. Descubra qual deveria ser o seu peso com base nestes novos padrões, que são afinal o resultado de investigações médicas exaustivas. Decida o que pode fazer para controlar o seu peso e não use a sua idade como desculpa.

Desenvolver hábitos saudáveis. Antes de começar seriamente à procura de emprego, faça um *check-up* médico rigoroso. Controle as condições que podem interferir não só no seu emprego novo, mas também na sua vida nova. Arranje tempo para as vitaminas e para os suplementos que o poderão ajudar a sentir-se mais desperto e activo. Acrescente exercício regular ao seu dia-a-dia e pare de inventar desculpas pare evitar caminhar ou subir as escadas.

Fuma? Claro que fumar é um grave risco para a saúde, mas alguns jovens já me confessaram a repugnância que sentem ao ver pessoas mais velhas a fumar. Descrevem-nas em pé, à porta dos edifícios de escritórios, a fumar rapidamente um cigarro enquanto tiritam de frio. Estes fumadores desconfortáveis parecem-lhes patéticos e indignos. Não percebo bem por que razão os fumadores mais novos não são igualmente repugnantes; mas, se perguntar aos seus amigos mais novos, é provável que lhe digam a mesma coisa.

Os colaboradores mais velhos não têm energia

Este é um daqueles estereótipos que são meio verdadeiros e meio falsos. Os nossos níveis de energia vão diminuindo à medida que envelhecemos. Mas, a maioria não está ainda pronta para a cadeira de baloiço. O seu nível de energia está, regra geral, perfeitamente adequado para a maioria dos empregos, desde que mantenha um estilo de vida saudável. Só terá de decidir como quer gastar a sua energia. Quando era novo, talvez pudesse dizer que tinha energia para dar e vender. Podia trabalhar durante o dia e ir festejar à noite. Podia ter dois empregos, ou trabalhar à noite e durante os fins-de-semana para trepar a escada do sucesso mais rapidamente.

Agora vai ter de decidir como vai gastar a energia de que ainda dispõe. Por exemplo, trabalhar a tempo inteiro pode não lhe deixar energia suficiente para outras coisas que queira fazer. Pense, por um momento, na maneira como gostaria de passar um dia perfeito. Alguns não querem mais do que passar um serão calmo em casa depois de um dia de trabalho. Outros gostariam de participar em associações, desportos ou passatempos. Para estes, um trabalho a tempo parcial pode ser a melhor opção. Pense na sua energia como se fosse um monte de notas. Como é que o pode repartir de forma a produzir o estilo de vida que o satisfaça mais?

A importância do exercício. Quando os de meia-idade eram jovens, ainda não se conhecia bem a importância do exercício. As investigações mais recentes indicam que o exercício regular aumenta cerca de três anos à sua vida. Contrariamente ao que seria de esperar, o exercício também aumenta o seu nível de energia. Isto é contra-intuitivo; parece que vamos gastar as notas de energia quando fazemos exercício e que nunca as conseguiremos reaver, mas afinal é o contrário. Aqueles que estabelecem rotinas regulares de exercício, e que o fazem três ou mais vezes por semana, verificam que têm mais energia tanto para o trabalho como para o lazer. A palavra-chave aqui é "regular". Crie uma rotina que seja aprovada pelo seu médico e que consiga cumprir. Não comece com uma rotina cansativa para depois desistir após alguns dias. Comece com sessões curtas e fáceis e intensifique-as de acordo com a sua força e a sua resistência.

A quebra a meio do dia. As pessoas de meia-idade não são as únicas que sentem uma quebra ao início da tarde. No entanto, conforme for envelhecendo, vai notar mais esta quebra, em que se sente lento e sonolento. Se perder o seu ímpeto e se permitir que o seu ritmo abrande durante estas horas, vai parecer decididamente um "velhote" em frente aos seus colegas mais novos. A sua produtividade também vai diminuir, porque não vai conseguir realizar o trabalho todo. Não vive num país onde possa fazer uma sesta a meio do dia, portanto tem de encontrar formas de se manter desperto ao longo do dia.

Tenho falado sobre este problema com muitas pessoas de meia-idade de sucesso e cada uma tem uma solução diferente. Muitas das suas recomendações prendem-se com o almoço. Consideram importante comer um almoço leve, de forma a estabilizar os seus níveis de glicose. Um almoço pesado tem como resultado fazê-las sentir-se "esgotadas" e incapazes de fazer qualquer coisa durante o resto da tarde. No entanto, se não comerem nada, os seus níveis de "combustível" caem, tal como as pálpebras dos seus olhos. Alguns recomendam uma bebida com cafeína (uma chávena de chá, por exemplo) quando sentem a concentração começar a falhar. O principal é conhecer-se a si mesmo. Tente estratégias diferentes, como dar um passeio, comer um *snack* de baixo teor calórico, ou fazer alguns exercícios junto à sua secretária.

As pessoas mais velhas são "sabichonas"

Lembre-se dos seus primeiros anos de trabalho. Recorda-se de um velho colega que nunca queria mudar nada, nunca queria fazer nada de maneira diferente? Sempre fizera o trabalho da mesma forma; portanto, se resultava no passado também iria resultar agora! A mudança é uma parte essencial da vida, mas muitas vezes é difícil. Não há dúvida de que, à medida que envelhecemos, o tempo passa mais depressa e o mundo por vezes parece mudar tão rapidamente que nos sentimos como se estivéssemos às voltas num carrossel. Tente analisar a sua própria resposta quando alguém no trabalho sugere uma maneira nova de fazer as coisas. Pode sentir um impulso automático para se opor à alteração, principalmente se foi o responsável pelo procedimento ou política actual.

Como as coisas eram antes. Aqueles de meia-idade que trabalham para o mesmo chefe já há muitos anos geralmente também se sentem inclinados a falar da forma como as coisas costumavam ser. Quando os gestores ou a equipa se reúnem à volta da mesa de reuniões para discutir uma ideia, a sua parte no debate consiste geralmente numa história sobre a forma como as coisas se faziam no passado? É claro que é importante aprender com os erros do passado, mas o ambiente agora é diferente do que era há dez ou 20 anos. São necessárias estratégias novas para se lidar com o mundo de hoje. Se, ao recordar estas reuniões, ouvir a sua própria voz a lamuriar-se "tentámos isso e não resultou" uma vez e outra, é pouco provável que esteja a "fazer amigos e a influenciar colegas". Esta é uma boa razão para se mudar para um emprego diferente, onde já não carregue consigo toda essa bagagem. Mas se os seus maus hábitos forem enraizados, vai continuar a sentir-se tentado a contar velhas histórias, mesmo se tiver um emprego e um chefe novos.

Ter razão é para si tão importante que continua a insistir no seu ponto de vista, mesmo quando se tornou evidente que o grupo está a seguir numa direcção diferente? É óbvio que tem experiência e conhecimentos que os seus colegas mais novos não têm. Porém, assim que eles o começarem a comparar com os pais ou mães deles, o seu prazer no local de trabalho vai declinar. Na verdade, eles não querem levar o pai ou a mãe para o trabalho.

O que tem para oferecer

Toda esta conversa sobre estereótipos e discriminação pode parecer tão deprimente que começa a interrogar-se se na realidade tem algo para oferecer. Não se subestime nem deixe que estes conceitos errados o deprimam. O leitor tem experiência, tanto profissional como pessoal, que se assemelha a uma verdadeira mina de ouro. É verdade que muita da sua experiência se relaciona com processos e procedimentos. Mas o lado humano de qualquer empresa é ainda mais importante e a natureza humana de facto não muda. Já trabalhou com centenas de pessoas diferentes e aprendeu muito sobre a natureza humana. Já participou em inúmeras reuniões e sabe bem como os grupos se podem desviar dos seus propósitos. Também já viu grupos produzirem soluções inovadoras. De facto, a sua intuição, com base nos seus anos de experiência, é útil se tiver um papel preponderante na contratação de colaboradores novos. Tem uma imagem mais clara de quem é passível de fazer um bom trabalho, ou de falar de mais e fazer de menos. Consegue perceber padrões destrutivos de comportamento e manter-se distante de conflitos interpessoais. A palavra "sabedoria" é um pouco pomposa para este género de livro, mas a idade traz consigo alguma sabedoria. Já se viu mais da vida e reconhecem-se os sinais de êxito e de fracasso. Embora a história na realidade não se repita, a sua experiência proporciona-lhe um vislumbre ocasional do futuro.

Utilize a sua inteligência

Não se esqueça que sabe mais agora do que sabia quando tinha 25 anos. Por outras palavras, adquiriu uma quantidade considerável de informação sobre inúmeros assuntos diferentes. Claro que se esquece de nomes e que nunca consegue encontrar as chaves. É a sua memória de curto prazo a fazê-lo sentir-se mal, mas a sua memória de longo prazo – por outras palavras, a maioria dos conhecimentos que conquistou ao longo dos últimos 50 anos – continua a poder ser utilizada, mesmo quando já não se consegue lembrar de pormenores específicos.

Para ter êxito precisa de fazer trabalhar essa memória de longo prazo e, ao mesmo tempo, controlar os caprichos da memória de curto prazo. Existem muitos livros e artigos que dão sugestões para se lidar com as falhas da memória de curto prazo, mas poucos mencionam a memória de longo prazo. Quanto está a contar uma daquelas histórias sobre a forma como as coisas costumavam ser, está a usar a sua memória de longo prazo de uma forma que não é muito benéfica para si. Mas se observar cuidadosamente, vai ver que cada uma dessas histórias contém uma lição importante. Quando está a utilizar a história para abafar as ideias inovadoras dos seus colegas, está a desperdiçar um dos seus instrumentos mais úteis. Cada história tem muito mais do que aquilo que está a recordar. Na realidade, é possível voltar-se mentalmente atrás no tempo e observar-se as diferentes cenas a desenrolarem-se. Por que razão uma ideia tem êxito e outras falham? Olhe para as pessoas na história. Por que razão algumas são tão boas a predizer o futuro, enquanto outras nunca acertam? Olhe para o seu próprio papel na história. Muitas vezes contamos uma história só para mostrar que tivemos razão e que o outro estava errado, mas existe muito mais na maioria das histórias do que: "Eu bem te disse!"

Capítulo 4

Decidir onde vai viver e trabalhar

ESCOLHER O QUANTO DA SUA VIDA PRECISA de mudar é talvez a decisão mais difícil que tem de tomar. Quando pensa num emprego novo, imagina-se a viver na mesma casa e na mesma comunidade? Se permaneceu no seu emprego antigo porque este era o único disponível, talvez a sua comunidade não lhe ofereça a oportunidade de que precisa. Se uma parte do seu sonho é mudar-se para um clima mais soalheiro, para uma comunidade mais acolhedora, ou para um sítio com melhores oportunidades educativas e culturais, então talvez não haja melhor altura para o fazer do que o presente.

Não é uma escolha fácil

Porém, decidir onde viver é uma tarefa muito mais complicada do que parece à partida. Muitas pessoas de meia-idade consideram esta fase da sua vida como uma transição entre os seus empregos antigos e a reforma. Querem ter o melhor dos dois mundos: um rendimento regular e tempo para desfrutar das suas formas preferidas de lazer. Procuram um lugar que lhes ofereça um emprego e um ambiente que vá ao encontro das suas necessidades pessoais.

Inquéritos recentes sobre pessoas de meia-idade indicam que estas não só tencionam trabalhar durante mais tempo do que as gerações anteriores, como também tencionam mudar-se para novas comunidades, mais de acordo com os seus estilos de vida. A medicina moderna adicionou muitos anos à sua esperança de vida e as pessoas actualmente na meia-idade querem tirar partido desses anos. Muitas tencionam mudar-se para comunidades onde o custo de vida seja mais baixo, onde haja várias possibilidades recreativas e onde o ambiente pareça ter sido feito à medida das suas necessidades únicas.

Então, como vai decidir se quer ficar onde está ou se quer mudar-se para uma nova comunidade? É possível que já saiba a resposta a esta pergunta. Se quer ficar perto da sua família, se gosta da sua casa actual, se o custo de vida for moderado na sua área e se o mercado profissional for bom, muito provavelmente quererá permanecer na comunidade onde vive. Se a sua família se encontrar espalhada por vários sítios e se viver num local de que realmente nunca gostou, um ambiente novo pode ser a melhor opção para si.

Considere o custo de vida

As pessoas de meia-idade procuram locais que o seu dinheiro possa pagar. Se tenciona mudar de emprego para satisfazer os seus novos interesses e perspectivas, então é melhor fazer planos compatíveis com um salário mais baixo. O custo de vida nas diferentes partes do país pode variar tão significativamente, que pode ver-se forçado a viver muito próximo da pobreza numa área, mas conseguir viver confortavelmente numa outra. Se for dono de uma casa numa cidade com um nível de vida elevado, vendê-la e mudar-se para uma área menos dispendiosa pode proporcionar-lhe não só fundos para uma casa nova, mas também um aumento significativo no seu rendimento disponível. Mas isto pode significar ter de deixar para trás os seus filhos e netos. Em alternativa, se ainda mantiver uma casa demasiado grande para uma ou duas pessoas, pode reduzir as suas preocupações e as suas despesas se se mudar para uma casa mais pequena. Isto pode libertar fundos para uma variedade de actividades de lazer agradáveis. Agora é a altura ideal de ponderar a importância da sua casa actual para a sua sensação de felicidade e de bem-estar.

Considere a sua família e amigos

Desempenha um papel importante na vida dos seus filhos e netos? As chamadas telefónicas diárias e os encontros aos fins-de-semana são uma parte essencial da sua vida? A maioria da sua família permaneceu por perto ou mudou-se para partes distantes do país? Embora existam ainda pequenas cidades onde os filhos acabam o ensino secundário ou a faculdade e depois permanecem nas suas comunidades de origem, temo-nos transformado numa sociedade muito mais transitória. Os empregos anunciados nacionalmente, a *World Wide Web* e um mercado profissional competitivo têm levado cada vez mais jovens a sair das suas cidades de origem. Agora pode escolher se os vai seguir ou se vai iniciar a sua própria aventura.

Considere as suas opções

Da mesma forma que recorreu a uma caneta e a um papel para fazer a lista dos pontos positivos e negativos das diferentes opções de estilos de vida, passe agora alguns minutos a considerar os pontos positivos e negativos de se mudar para uma outra localidade. No entanto, lembre-se que tem muitas opções, tendo cada uma atracções e problemas diferentes. Antes de começar, eis uma lista de opções que estão ao seu alcance:

- Permanecer não só na cidade onde vive, mas também na sua casa actual.
- Mudar-se para uma casa nova, possivelmente num bairro diferente.
- Permanecer a uma curta distância, fácil de percorrer de automóvel, da cidade onde actualmente reside.
- Estabelecer-se numa outra parte do país.
- Mudar-se para outro país ou participar num programa de voluntariado internacional que o pode levar para qualquer parte do mundo.

Considere o mercado de trabalho

Vamos agora considerar por que motivo poderia escolher qualquer uma destas alternativas. Como está o mercado de trabalho na cidade onde vive? A taxa de desemprego está acima ou abaixo da média nacional? Que tipos de emprego estão disponíveis? Existem empregos disponíveis que lhe interessam? Existe uma quantidade razoavelmente grande de empregadores ou vive no que se poderia chamar "cidade de uma só empresa"? Como está a procurar uma vida mais satisfatória, tem de ser capaz de dizer "não" a empregos que não o ajudem a alcançar o seu objectivo.

Lembre-se também que é provável que tenha agora mais dificuldade em encontrar emprego do que os candidatos mais novos, portanto não pode estar a contar somente com uma ou duas possibilidades. Adquira o hábito de verificar as vagas de emprego no seu jornal local, bem como em *newsletters* e nos *Websites* que cobrem a sua área. Mantenha-se informado sobre as vagas de emprego mais interessantes, que correspondam às suas qualificações. Estas aparecem com relativa frequência? Embora ainda não esteja preparado para tomar uma decisão, pode ser útil começar agora a dar os primeiros passos, "apalpando o terreno" e inquirindo sobre as possíveis vagas.

Pese os prós e os contras

Tal como a maioria, provavelmente o leitor também tem uma série de coisas positivas a dizer sobre a cidade onde vive, bem como algumas negativas. Como se equilibram os dois lados? Enquanto ainda tem o lápis e o papel na mão, faça as seguintes perguntas:

Gosta mesmo da área onde reside actualmente?
Esta oferece o tipo de actividades recreativas de que gosta? Ou encontra-se deteriorada pela decadência urbana? Existe um verdadeiro sentido de comunidade?

Tem sonhado mudar-se?
Imagina por vezes um estilo de vida diferente numa outra parte do país? Considera-se uma pessoa que gosta de ar livre, mas frustrada porque sempre viveu numa cidade, ou um citadino que sonha com a vida numa quinta no campo? Alguns destes sonhos são irrealistas e é pouco provável que lhe

trouxessem a felicidade que procura. Mas outros não são sonhos assim tão impossíveis e podem, com alguns ajustes, tornar-se realidade. Lembre-se que as suas capacidades físicas são agora diferentes do que eram e deve esperar que as limitações físicas venham a aumentar nos anos que se aproximam. Assim, um estilo de vida que envolva trabalho manual duro não é provavelmente o mais adequado para si.

Gosta do clima?

À medida que envelhecemos, os Invernos nas zonas mais frias já não significam bonecos de neve e desportos de Inverno. Podem passar a significar agonizantes tarefas de limpeza de neve e dolorosas quedas no gelo. No entanto, não precisa de se mudar para a Florida para encontrar climas mais agradáveis. Passar apenas um mês ou dois num clima mais ameno, onde pode jogar golfe ou fazer longas caminhadas, pode bem valer o esforço. Mas o tempo frio não deve ser a sua única consideração sobre o clima. Muitos norte-americanos, por exemplo, mudam-se para o Norte da Costa Oeste dos EUA por causa do seu estilo de vida atractivo e clima ameno. Lá, descobrem que o sol por vezes não aparece durante semanas, ou mesmo meses, a fio. Para alguns a luz solar é essencial para o seu bem-estar e a sua ausência pode mesmo causar depressões. Já alguma vez viveu neste tipo de clima? Se não viveu, porque não considerar umas férias antes de fazer qualquer compromisso permanente?

O seu bairro alterou-se?

O seu bairro melhorou ou deteriorou-se de uma maneira que o preocupa? É tão seguro como costumava ser? Claro, o mundo em geral tornou-se um lugar menos seguro, mas o crime no seu bairro aumentou?

Por que motivo escolheu o seu local de residência actual?

Com frequência, os empregos estão disponíveis em locais pouco atractivos. Ao não conseguir arranjar emprego em locais mais aprazíveis, pode dizer a si mesmo que será apenas por um ano ou dois. Que irá ficar somente o tempo necessário para liquidar as suas dívidas ou apenas até aparecer um outro emprego.

Com o tempo, habitua-se à cidade fabril ou ao subúrbio pouco atraente e acaba por nunca mais sair de lá. Talvez tenha descoberto que o local tem encantos escondidos; mas se ainda continua a falar em partir, não vai haver altura melhor para o fazer do que agora.

Passa muito tempo no trânsito para ir e vir do trabalho?
Se costuma passar duas a três horas por dia a conduzir para ir e vir do trabalho, provavelmente é altura de mudar. Estas são horas preciosas que podem ser gastas numa variedade de coisas que poderiam melhorar a qualidade da sua vida. Depois dos 60 anos demora-se mais tempo a recarregar baterias e isso deixa menos horas para se fazer aquilo de que realmente se gosta. Passar horas preso no trânsito não é uma coisa de que a maioria goste. Não é tempo de qualidade nem tempo de ócio em que possa descansar e restaurar a sua energia. Nem sequer está a ser pago pela deslocação, portanto interrogue-se: "Para quê continuar?"

A sua cidade tem bons transportes públicos?
Em muitos locais, os autocarros e os comboios desapareceram. Contudo, se construir um estilo de vida baseado na possibilidade de se movimentar de automóvel, é provável que esteja a caminhar para o fracasso. Devido ao elevado número de idosos envolvidos em acidentes de automóvel, tem havido nos anos mais recentes uma tendência para se dificultar a renovação das suas cartas de condução. Mesmo que seja capaz de manter a sua carta de condução, pode chegar à conclusão de que a sua visão e os seus reflexos já não são o que costumavam ser. É melhor estar em posição de poder deixar de conduzir quando sentir que chegou a altura de o fazer e continuar a desfrutar de um estilo de vida que o satisfaz.

Como é a comparação do custo de vida?
Uma amiga que se mudou para uma cidade grande para estar perto da filha contava-me como se sentia pobre. Parecia-lhe que tinha mudado não só para uma casa nova, mas também que tinha saído da classe média. Outros encontram-se a viver muito mais confortavelmente numa cidade nova, embora o seu rendimento real não se tenha alterado. Como está provavelmente a antecipar um corte

no seu salário, esta é uma consideração importante. Pode ser possível vender a sua casa e comprar uma menos dispendiosa numa outra área. Isto irá deixar-lhe dinheiro extra para investimentos e emergências.

Gostaria de viver numa comunidade turística?

Sempre quis viver numa praia onde possa nadar e velejar sempre que lhe apetecer? Adora as montanhas e as pitorescas cidades de montanha? As áreas turísticas têm o seu lado bom e o seu lado mau. Por exemplo, as comunidades turísticas de montanha podem ficar abandonadas no Inverno, quando a neve e o gelo tornam as estradas traiçoeiras, se não mesmo intransitáveis. Por outro lado, nada consegue ser mais deprimente do que uma comunidade turística de praia num sombrio dia de Inverno. No entanto, ambos os casos podem oferecer actividades recreativas. Lembre-se que as oportunidades de emprego serão limitadas e, se quiser trabalhar, pode ter de baixar as suas pretensões para vagas mais banais na indústria do turismo.

Ainda está contente com a sua casa?

Quando os seus filhos eram novos, mudou-se para os subúrbios e endividou-se para poder ter uma casa para toda a família. Ainda quer cuidar daquele pátio enorme? Era óptimo para as crianças, mas agora para que precisa dele? Subir as escadas já se tornou difícil e a casa é bastante maior do que o necessário para si e para o seu parceiro? Os subúrbios tendem a ser um sítio óptimo para as famílias jovens, mas não desejáveis para casais de meia-idade ou solteiros. Os blocos de apartamentos na cidade podem ser mais convenientes e libertam-nos da manutenção do jardim. Viver no campo pode ser mais fácil quando não tiver de levar as crianças todos os dias para os treinos de futebol ou para as aulas de música.

E as suas necessidades médicas?

O leitor ou o seu parceiro têm algum problema médico que implique o acesso fácil a um hospital central? Por vezes as cidades pequenas têm serviços médicos surpreendentemente bons, mas não conseguem oferecer o nível de especialização disponível numa zona mais povoada. Ainda que actualmente não necessite de cuidados de saúde, dê atenção ao número de médicos e de camas de hospital que existam por perto. As pessoas de meia-idade e mais idosas utilizam os serviços médicos com mais frequência do que as mais novas e não vai querer conduzir dezenas de quilómetros apenas para ver um médico.

Combinar o emprego com a localidade

Por que motivo, pode o leitor interrogar-se, estando a pensar num emprego novo, estou a escrever sobre locais para se viver? A razão é que o leitor não está somente a fazer uma mudança de emprego, mas também uma mudança de estilo de vida. Agora que já decidiu trocar o seu emprego por uma vida mais compensadora, vai querer considerar os outros aspectos da sua vida que também não lhe agradam. Se estiver disposto a descer alguns níveis na sua carreira, o tipo de empregos que procura estão provavelmente disponíveis em muitas zonas. Isto significa que pode gozar os prazeres da reforma continuando a trabalhar. Se está a planear ter mais tempo de lazer, pode querer mudar-se para uma área onde possa usar melhor esse tempo.

Por outro lado, pode não estar a planear diminuir o seu volume de trabalho. Em vez disso, é possível que esteja a projectar lançar-se numa carreira nova. Neste caso, a localização vai ser importante por outras razões. Pode pretender mudar-se para estar perto de um instituto superior ou de uma universidade. Pode descobrir que as perspectivas de emprego na sua área de competência são melhores numa outra parte do país. Mesmo que não haja necessidade prática de mudar de localidade, pode querer considerar esta mudança como parte de um plano global para melhorar a sua vida.

Tornar-se um "migrante sazonal"

Para um número crescente de pessoas de meia-idade, uma única localidade já não chega. Embora continuem a apreciar as comunidades onde habitam, já não querem permanecer presos às suas casas durante todo o Inverno, a limpar neve e a preocupar-se com o gelo traiçoeiro. Querem gozar o melhor dos dois mundos:

os seus amigos e família, quando o clima lhes permite ter vidas completas e gratificantes; e um destino de fuga com um clima mais ameno, onde todos os dias são vividos plenamente.

Embora a vida de "migrante sazonal" seja para muitos um estilo de vida muito atractivo, é igualmente complicado. Imagine que a sua casa fica numa zona muito fria e sempre que um ano começa receia o Inverno um pouco mais do que o anterior. Há dois anos, o leitor e a sua família foram passar umas férias maravilhosas numa região soalheira e desde essa altura que sonha com ela. Seria mesmo possível apreciar as belíssimas cores do Outono na sua localidade de residência e depois fugir como uma ave migratória para uma zona temperada? Na Primavera, quando essa mesma zona se torna desconfortavelmente quente, poderia regressar a casa e reunir-se com a sua família, amigos e outros afectos caseiros.

A maioria dos "migrantes sazonais" irá dizer-lhe que adora o seu estilo de vida, mas que este não é tão fácil como parece. Vivem duas vidas quase completamente separadas, o que significa planeamentos em duplicado com as inevitáveis complicações. Por exemplo, precisam de duas casas: o que acontece a cada uma delas quando lá não estão? Se encontrarem um emprego novo, o que acontece quando chegar a altura de partir? Terão de ser desonestos com os empregadores ou existem empregos que possam deixar na Primavera, para a eles regressarem no Outono seguinte? E os seus amigos, igreja, seguro de saúde e – talvez ainda mais difícil – as suas contas bancárias? Se está a ponderar se gostaria realmente de ter este estilo de vida tão apelativo, eis algumas questões que o devem ajudar a ordenar os seus pensamentos:

Tem capacidade financeira para se tornar um "migrante sazonal"?

Sendo uma pessoa de meia-idade, talvez precise de continuar a ganhar pelo menos uma parte dos seus rendimentos. Provavelmente o leitor não é um reformado rico, que pode manter duas residências importantes sem um esforço considerável no seu orçamento. Como iremos ver, viver de forma simples e económica não só é possível, como também desejável; e é provável que venha a descobrir que os custos associados à vida de um "migrante sazonal" são superiores ao que se espera. Por exemplo, os "migrantes sazonais" têm de manter o arrendamento ou a hipoteca de duas casas e pagar dois conjuntos de contas de serviços. Os seus HMO* podem não ter clínicas nas localidades escolhidas para o Inverno e então têm de pagar despesas médicas adicionais. Também o seguro da casa pode ser mais caro se esta permanecer desabitada por mais de 30 dias.

Gosta de conduzir?

Os "migrantes sazonais" costumam conduzir de uma das suas casas sazonais para a outra, porque precisam do automóvel quando lá chegam. Marido e mulher poderão guiar um veículo cada um, se precisarem dos dois automóveis quando lá chegarem. Carregam ainda o "fardo" dos artigos pessoais que não podem duplicar em cada uma das casas, portanto qualquer outra forma de transporte é geralmente cara e inconveniente. Isto pode implicar duas viagens difíceis pelo país todos os anos. Conforme envelhecemos, este tipo de viagem fica cada vez menos atraente para alguns. Outros de meia-idade gostam tanto da estrada que passam todo ou a maior parte do ano a viajar nas suas autocaravanas. Analise honesta e atentamente os seus hábitos de condução e a sua saúde antes de se comprometer com uma vida de "ave migratória". As comunidades de reformados têm frequentemente o seu próprio meio de transporte, mas provavelmente está a pensar ter um estilo de vida mais activo e menos dispendioso.

É introvertido ou extrovertido?

As pessoas extrovertidas, que fazem amigos fácil e rapidamente, tendem a ajustar-se bem a uma vida de "migrante sazonal", mas o mesmo acontece com aqueles que são introvertidas que não precisam de muita interacção social. Mas os que se situam mais ou menos no estado intermédio consideram difícil ajustar-se a deixar os amigos duas vezes por ano e a ter de restabelecer as relações várias vezes. Alguns "migrantes sazonais" de meia-idade são surpreendentemente bons a fazer esta transição e sentem-se abençoados com o dobro dos amigos e com os interesses

---

* **N. T.** HMO é a sigla de *Health Maintenance Organization*, uma empresa financiada por prémios de seguradoras e cujos médicos e outro pessoal de saúde prestam cuidados preventivos e curativos dentro de certos limites financeiros, geográficos e profissionais aos afiliados e às suas famílias.

em duplicado. Tentar uma vida de "ave migratória" durante uma época, sem ter de assumir um compromisso permanente, talvez seja uma boa ideia. Desta forma, vai poder descobrir se esta vida corresponde às suas necessidades pessoais ou se se sente sozinho e com saudades dos que lhe são mais próximos.

Que tipo de empregos está disposto a considerar?

Embora exista uma série de empregos adequados para "migrantes sazonais" e seja até possível trabalhar em ambas as comunidades escolhidas, as oportunidades são mais limitadas. A maioria dos empregos é no comércio a retalho, turismo e no sector dos serviços. Gosta destes sectores? A maioria dos consultores pode fazer o seu trabalho a partir de qualquer localidade, mas geralmente também viajam muito. Alguns tipos de negócios em casa permitem que os seus donos agarrem no computador e levem o negócio consigo. Contudo, de uma maneira geral, vai ter de reajustar as suas expectativas para encontrar emprego. Em capítulos seguintes iremos discutir as oportunidades disponíveis para "migrantes sazonais"; mas, se se sentir particularmente apegado a um determinado tipo de emprego, pode ver-se obrigado a escolher entre um emprego e uma residência de Inverno que seja mais amena.

A sua casa de família é importante para si?

Imaginemos que é dono de uma casa própria, num subúrbio, com as árvores, relva, passeios e todos os acessórios que fazem parte desse estilo de vida. O que vai acontecer à sua propriedade quando fugir para um local soalheiro? Suponha que o esquentador começa a pingar ou que pessoas sem-abrigo descobrem que a casa está desabitada? Os telhados também podem começar a pingar e quem vai limpar a neve dos passeios? Lembre-se que muita gente vai continuar a passar em frente à sua casa, tal como sempre, e se alguém cair no passeio está sujeito a que o processem em tribunal.

Muitos "migrantes sazonais" contratam uma empresa de gestão de propriedades. No entanto, estas soluções raramente são satisfatórias e na maioria dos casos é melhor ter amigos ou família que visitem a casa com frequência. Quando os "migrantes sazonais" regressam, deixam para trás uma segunda casa e um conjunto diferente de potenciais problemas. Mas pode descobrir que estar "acorrentado" a uma propriedade estraga o seu prazer; portanto, quanto mais simples forem os seus alojamentos, melhor. As preocupações também estragam o seu prazer, por isso é importante ir, divertir-se e não ter de se preocupar com o que está a acontecer noutro lugar.

Considere também onde quer viver na sua comunidade de fuga. Muitos "migrantes sazonais" escolhem pequenos apartamentos ou parques de caravanas, para poupar dinheiro. Como podem ter um estilo de vida mais activo e ao ar livre, num clima mais quente, contentam-se com aposentos menos sumptuosos. Contenta-se com isto? Vai realmente passar a maior parte do tempo a trabalhar e a divertir-se ao sol? Se as coisas que gosta de fazer forem na realidade actividades dentro de portas, como trabalhar numa oficina, coleccionar selos ou jogar no computador, então este tipo de alojamento minimal é capaz de o começar a enervar rapidamente.

Que temperatura tem de estar?

As comunidades de turismo geralmente têm um factor semelhante que tem os seus lados positivos e negativos. Por exemplo, nos EUA, muitas das comunidades na Florida e no Arizona atraem grandes números de reformados. Iria gostar da sua companhia ou prefere maior variedade entre os seus vizinhos? Há uma razão pela qual o sol está quase sempre a brilhar no Sudoeste: é porque não chove. Se adorar jardinagem, pode não estar disposto a trocar o seu solo rico e húmido por um local de solo árido e arenoso onde praticamente só crescem cactos.

Ainda nos EUA, por exemplo, se está à procura de um local que se pareça mais com a sua casa – apenas um pouco mais quente – talvez seja melhor analisar mais atentamente os estados que ficam mais ou menos a meio do país. Pense nessas zonas como as papas da história dos "Três Ursinhos": estas zonas nem são quentes, nem são frias e não são nem do Sul, nem do Norte. No Colorado, por exemplo, faz muito frio e a queda de neve não é invulgar. Contudo, o sol brilha tantas vezes e com tanto calor que o gelo derrete rapidamente. Num clima mais seco e com o sol a brilhar, tem-se menos consciência do frio. A parte ocidental da Carolina do Norte é outra zona montanhosa que tem um Inverno verdadeiro. Mas só dura alguns meses, comparado com os estados mais a norte onde chega a haver quedas de neve em Junho. Se está à procura de uma pequena cidade tradicional, o Midwest, o Midsouth e o Noroeste do Pacífico têm literalmente centenas de locais encantadores, com Invernos relativamente curtos.

Obter informação privilegiada

Quer se decida a ficar por perto de casa, explorar outra parte do país ou aproveitar o melhor dos dois mundos, vai precisar de informação. Se decidir permanecer na sua comunidade de residência, vai ser mais fácil recolher informações sobre o tipo de vagas de emprego que procura, pois certamente tem amigos que lhe podem dar informações sobre os empregadores da zona. As experiências pessoais deles podem ajudá-lo a decidir se um emprego lhe iria proporcionar o tipo de ambiente laboral de que está à procura, ou se seria somente um regresso ao antigo trabalho. No entanto, se está a planear sair da sua comunidade de residência, vai precisar de outras fontes para obter informações sobre o mercado de trabalho.

Felizmente, hoje em dia é muito mais fácil obter informações sobre uma comunidade distante do que era há alguns anos. A grande alteração que ocorreu foi a emergência da *World Wide Web*. Se ainda não possui um computador em casa, este é provavelmente o melhor instrumento que pode arranjar para procurar emprego. Claro que é provável que vá precisar de um computador para apurar as suas competências para o mercado de trabalho, mas um computador também o põe em contacto com comunidades em todo o país e em todo o mundo.

Visitar uma Associação Comercial

Digamos que, certa vez, atravessou uma cidade no Novo México, no Ohio ou na Carolina do Norte. Achou-a atraente e ficou na sua memória. Mas na realidade não sabe nada sobre ela. É muito provável que a Associação Comercial daquela zona tenha um *site* na Internet. Se digitar simplesmente o nome da cidade e as palavras "Associação Comercial" num motor de busca, deve ser capaz de o encontrar. Depois de descobrir o seu caminho para a Associação Comercial, irá encontrar uma enorme quantidade de informação.

Claro que a Associação Comercial tem um ponto de vista tendencioso, mas é aí que está a informação básica de que precisa para começar as suas explorações. Deve conseguir encontrar informação sobre o clima, a indústria, o emprego, o apoio médico, as escolas e as igrejas. Não há limites para o que se consegue descobrir sobre uma cidade, desde que saiba ler nas entrelinhas e deixe a sua imaginação dar corpo às estatísticas. Como é que esta informação se compara e contrasta com aquela que conseguiu encontrar sobre a sua própria cidade? De facto, é capaz de ser boa ideia pesquisar também a Associação Comercial da sua cidade de residência, pois não tem as suas estatísticas "na ponta da língua". A taxa de desemprego é mais alta ou mais baixa? Tem mais ou menos neve? Parece-lhe que teria mais dificuldade em encontrar um médico? O aeroporto é mais longe? O custo de vida é mais elevado?

O *site* da Associação Comercial também o vai informar sobre as instituições de educação na zona. Muitos de meia-idade referem que há uma enorme diferença na sua qualidade de vida quando existe por perto um estabelecimento de ensino superior, que promove peças de teatro e concertos, que promove cursos de formação contínua para a comunidade e que contribui de várias formas para a qualidade da vida educativa e cultural. Se está a mudar de carreira, o instituto superior local pode proporcionar-lhe o tipo de cursos que o podem preparar para o seu novo emprego e para melhorar o seu currículo.

Uma outra excelente fonte de informação na *Web* são os censos. Tanto os censos demográficos como os de negócios contêm informação que pode utilizar para tomar uma decisão. Por exemplo, a percentagem de população com mais de 65 anos pode dar-lhe uma boa pista sobre a vida da comunidade. Mesmo estatísticas aparentemente irrelevantes, como por exemplo a mortalidade infantil e o número de núcleos familiares, podem alargar a sua imagem mental da localidade.

A biblioteca pública e outras fontes de informação

Em muitos casos, a melhor fonte de informação é o *site* da biblioteca pública local. Embora os *sites* de algumas bibliotecas não estejam ainda completamente desenvolvidos, outros proporcionam ligações a dezenas de fontes de informação sobre a sua zona. Também descobri que muitas associações e outras organizações mantêm *sites* com o objectivo de informar os seus membros actuais e recrutar novos. Os artigos que encontrar nestas páginas vão dar-lhe uma noção do tipo de residentes que existem na comunidade e da forma como eles passam o tempo.

Uma das primeiras sugestões que os conselheiros de orientação profissional geralmente dão a quem recorre aos seus serviços é que subscrevam o jornal local. Se está interessado em mudar-se possivelmente para Middletown, subscreva a *Middletown Gazette*. Claro que um motivo imediato para esta recomendação podem ser os anúncios da secção "Precisa-se", mas existem muitos outros motivos para se subscrever um jornal local. Todos os assuntos do dia estão expostos na primeira página, incluindo insurreições contra a Câmara Municipal e os resultados da equipa de futebol local. As listagens do mercado imobiliário irão dar-lhe uma ideia não só dos custos de alojamento, mas também das condições económicas da zona. Quando um novo empregador chega à cidade, é provável que venha anunciado na primeira página, mas os títulos serão ainda maiores quando uma empresa encerra, deixando muitos habitantes locais sem trabalho.

A sua biblioteca local tem uma série de livros que dão informação sobre a qualidade de vida nas diferentes vilas e cidades. Quando lê com atenção estes livros, quando visita uma série de *sites* locais e quando subscreve um jornal local, está a introduzir-se numa cidade para a qual é possível que venha a mudar-se. É quase como se estivesse a visitar o lugar, mas consegue reunir muito mais informação útil do que um turista que visita apenas algumas lojas e restaurantes.

Estar no local

Mesmo assim, talvez queira considerar a hipótese de passar as suas próximas férias a verificar as cidades que lhe agradaram. Se tiver feito o trabalho de casa e vier preparado com informação, vai ser capaz de interpretar melhor o que vê. Pode mesmo considerar marcar algumas entrevistas com empregadores locais. É muito possível que os números de telefone e endereços de *e-mail* se encontrem no *site* da Associação Comercial. De facto, as maiores empresas devem mesmo ter os seus próprios *sites*.

Enquanto está de visita, tente imaginar-se como um residente. Como passaria o tempo? Teria coisas suficientes para fazer de forma a manter-se ocupado? Como descreveria as pessoas que encontrou? É claro que estas não constituem uma boa amostragem dos residentes, mas podem dar-lhe uma ideia das características económicas, educacionais e culturais. Passe algum tempo com a lista telefónica. A sua filiação religiosa encontra-se representada por uma igreja ou por uma sinagoga? Em caso afirmativo, talvez queira assistir a um serviço religioso e comparar as pessoas que lá encontrar com a congregação que tem junto de casa.

Algumas comunidades podem ser muito difíceis a aceitar bem pessoas vindas de fora. Por exemplo, quando dizemos que uma cidade "não está estragada", provavelmente queremos dizer que são raros os que chegam de novo e, portanto, a cidade encontra-se protegida contra a mudança. Os residentes locais podem considerá-lo como uma pessoa diferente ou estranha. Isto incomodá-lo-ia? Se está habituado a uma vida social muito activa na sua cidade, pode começar a sentir-se deprimido se os seus vizinhos não forem muito acolhedores. No entanto, se a sua tendência é para ser mais reservado, pode até nem notar qualquer diferença.

Enquanto está de visita à comunidade, marque uma reunião para falar com um agente imobiliário. Surpreendentemente, o mercado imobiliário reflecte o estado da economia de uma comunidade. Os agentes imobiliários têm uma boa ideia de quantas pessoas novas se estão a mudar para a comunidade todos os anos. Também têm uma ideia de quanto tempo ficam, devido ao ritmo a que as casas regressam ao mercado. Lembre-se que, se está a planear cortar nas suas responsabilidades profissionais, vai ter mais tempo para as actividades de lazer. Será esta uma comunidade onde vai conseguir entreter-se?

Fazer uma breve lista dos requisitos básicos que espera de uma localidade é uma boa ideia. Esta lista deve conter apenas coisas não-negociáveis, os indicadores de qualidade de vida que são mais importantes para si. Não deve incluir mais do que meia dúzia de requisitos. Depois faça uma segunda lista intitulada "Bom, mas não necessário". Munido destas duas listas, seleccione várias localidades que correspondam aos seus requisitos básicos. Cada uma das localidades seleccionadas deve ter ainda outras atracções, mas não as considere até ter verificado os seus requisitos prioritários, tais como o custo de vida.

Como irá ficar claro no capítulo seguinte, redigir uma proposta eficaz para um emprego requer muito trabalho. Se primeiro identificar os locais onde realmente gostaria de viver, vai poupar imenso tempo. Ao restringir a sua procura de emprego a um número razoável de vagas, irá concentrar a sua energia onde esta lhe será mais útil.

Capítulo 5
Investigar o mercado de trabalho

SE TEM TRABALHADO PARA O MESMO empregador há já alguns anos, é capaz de não ter percebido o quanto o mercado de trabalho se tem alterado. Não só se alteraram os empregos em si, como vai ter de recorrer a estratégias diferentes para os descobrir. De facto, alguns empregos estão tão bem escondidos que vai ter de se tornar num detective para os encontrar.

Procurar empregos anunciados

Porém, vamos recuar um pouco. Primeiro tem de descobrir onde é que as vagas de emprego são anunciadas e os empregadores têm as suas regras próprias para tomar tais decisões. Se anda à procura de um emprego na sua área (por outras palavras, se conhece bem a sua área), provavelmente sabe onde as vagas são anunciadas. De facto, até pode estar já habituado a procurar os empregos listados na Internet ou nos boletins da sua profissão. No entanto, se está interessado em explorar uma carreira completamente nova, vai ter de descobrir onde é que os empregadores anunciam, informação geralmente conhecida somente por quem já está na área.

Uma amiga andou recentemente à procura de emprego e tirou algumas conclusões interessantes. Por exemplo, verificou que os empregos anunciados no jornal local eram quase todos para empregos em início de carreira. As fontes *on-line*, como a Craig's List e o anunciante de empregos Monster, apresentam cada vez mais uma melhor selecção para as áreas metropolitanas urbanas. Os cargos especializados tendem a ser publicados nos *sites* das associações profissionais. Muitos boletins especializados *on-line* publicam anúncios de emprego e muitos empregadores até anunciam as suas vagas em listas de discussão por *e-mail*. As posições que requerem menos tecnologia geralmente são anunciadas em boletins e jornais impressos. Por outras palavras, cada empregador pode anunciar o cargo em dezenas de sítios diferentes. Naturalmente poucos estarão dispostos a fazer todo este esforço, portanto, escolhem publicar os seus anúncios apenas em alguns destes lugares possíveis.

Encontrar empregos *on-line*

Até há pouco tempo, a Internet era vista como um "extra" simpático na procura de emprego, mas os tempos mudaram. A procura de emprego *on-line* originou mais de metade das novas contratações em 2005 e espera-se que a percentagem continue a aumentar. Alguns dos candidatos fizeram as suas candidaturas *on-line* nos *sites* das empresas. Outros encontraram os seus empregos através de grandes *sites*, como o Monster ou o CareerBuilder. Além disso, a Internet facilitou muitas das formas tradicionais de se procurar emprego, como por exemplo com os anúncios classificados *on-line*. Por vezes são conhecidos ou os grupos de discussão espalham a palavra. De facto, têm surgido alguns *sites* que se dedicam exclusivamente ao *networking*.

Os anúncios classificados dos jornais representam agora apenas cinco por cento das novas contratações. A minha amiga percebeu que só começou a ver os melhores empregos anunciados quando encontrou os locais frequentados pelos profissionais do ramo. Mas como é que descobriu estes locais? Algumas das suas primeiras descobertas foram através dos boletins *on-line*. De uma forma geral, os melhores *sites* são grátis para os candidatos e permitem que estes contactem o empregador directamente, sem terem de o fazer através do *site*. Ela preferia aqueles que lhe permitiam ver toda a informação sobre uma vaga, sem ter de se registar e fornecer informações pessoais. Regra geral, não é aconselhável fornecer *on-line* o seu nome, endereço ou número de telefone, porque na realidade não sabe como a informação será usada. Muitos *sites* convidam-no a publicar o seu currículo *on-line*. Embora existam *sites* de emprego que conseguem fazer um bom trabalho a proteger a sua privacidade, é melhor não partilhar esta informação até ter lido a política de privacidade dos *sites*.

Muitos dos *sites* de emprego mais recentes esforçam-se para serem fáceis de usar. Por exemplo, o T-Mobile criou um cão em desenho animado, chamado Fetch*, que procura empregos que correspondam aos seus critérios. O Fetch envia-lhe um *e-mail* se, na próxima semana ou no próximo mês, aparecer um cargo adequado para o seu currículo. A Coca-Cola Company tem um outro *site* simpático que parece uma loja *on-line*. Se descobrir um emprego que lhe pareça interessante, basta "Adicionar este emprego ao meu carrinho de compras". Apesar de estes *sites* conterem milhares de anúncios, a minha amiga descobriu que, em alguns casos, as listagens não eram retiradas em tempo devido e, portanto, os candidatos podiam estar a propor-se a vagas que já tinham sido preenchidas há semanas ou até mesmo meses. Depois de alguns inícios falhados, ela desenvolveu uma lista útil de favoritos, que começou a visitar regularmente. Estes são alguns dos *sites on-line* de maior confiança para encontrar emprego nos EUA**:

- CareerJournal (*cj.careercast.com*). Este é um *site* grande, mantido pelo *Wall Street Journal*.
- True Careers (*www.truecareers.com*). Este *site* geralmente fornece informação superior à média sobre empregos e empregadores específicos.
- America's Job Bank (*www.jobsearch.org*). Tem uma listagem de cerca de dois milhões de empregos, de forma que é provável que encontre aquilo que procura.

---

* **N. T.** "Busca".

** **N. T.** No final do livro, página 233, tem algumas sugestões de *sites* para procurar emprego em Portugal.

- Employment Wizard (*employmentwizard.com*). Este *site* copia anúncios de empregos de mais de cem jornais diferentes.
- Indeed (*indeed.com*). Na realidade, é um portal que lhe permite procurar simultaneamente em muitos *sites* diferentes. É um *site* útil porque mostra a data em que o anúncio foi publicado pela primeira vez. Pode introduzir um código postal e encontrar as listagens de empregos num raio de 40 quilómetros. Este é um dos meus favoritos pessoais, com o seu motor de busca fácil de utilizar e que se assemelha ao "Google News".
- JobCentral (*www.jobcentral.com*). Este *site* concentra-se em empregos disponíveis nas empresas filiadas.

Sites dos empregadores

Se abrir um motor de busca da Internet e escrever a frase "anúncios de emprego" (entre aspas) na caixa de busca, irá encontrar muitos outros *sites* que lhe podem ser úteis. Mas não se esqueça que está à procura daqueles *sites* especiais, que têm maiores probabilidades de ser usados por empregadores da sua área profissional. Para reduzir a sua busca, junte depois da frase (fora das aspas) uma palavra que descreva a sua área de interesse ("bancos", "enfermagem", "retalho" e por aí adiante). Se está à procura de emprego no sector empresarial, os *sites* comerciais (os seus endereços URL geralmente terminam em ".com") podem ser muito úteis. Se, porém, está interessado no Estado, na educação ou em organizações não governamentais, então alguns dos melhores *sites* podem ser um pouco inesperados. Um bom lugar para começar é nas agências de recrutamento *on-line* das maiores universidades e institutos politécnicos. Eles podem ter não só ligações a organizações profissionais, como também listar alguns dos empregadores que tenham recrutado alguns dos seus recém-licenciados.

Consoante for identificando *sites* úteis, vá anotando os seus nomes e endereços URL. Compare-os uns com os outros para ver quais são os que têm listas que não se encontram duplicadas noutros lugares. Quais são os que parecem ter as listagens mais recentes e quais são os que reciclam as listagens de outras fontes?

Também é útil ir a *sites* de empregadores na sua zona. Por outras palavras, a maioria das grandes empresas e das instituições públicas mantém *sites* que publicitam as suas actividades; portanto, verifique as secções "Carreiras", "Recursos Humanos", ou "Oportunidades de Emprego". Para obter os endereços destes empregadores nos EUA pode utilizar as seguintes directorias:

- Academic360 (*www.academic360.com*). Esta directoria leva-o directamente para as páginas de emprego dos institutos politécnicos e das universidades nos EUA.
- BankDirectory (*www.bankdirectory.net*). Esta é uma directoria de bancos, tal como o nome indica.
- Business.com (*business.com*). Esta é uma directoria das empresas nos EUA.
- USAJobs (*www.usajobs.opm.gov*). Este é um *site* de empregos para o governo federal norte-americano.
- HospitalWeb (*adams.mgh.Harvard.edu*). Esta é uma directoria de hospitais nos EUA, organizada por estados.

Analisar anúncios de emprego

Se alguma vez esteve envolvido na contratação de um colaborador novo, provavelmente percebeu que muitos dos candidatos não tinham qualquer qualificação para o emprego em questão. Deve ter-se interrogado por que razão se tinham dado ao trabalho de redigir uma candidatura que não valia o custo dos portes de envio. Independentemente das competências específicas e das outras qualificações indicadas num anúncio de emprego, aparecem sempre candidatos não qualificados. Se não tiver cuidado, pode vir a encontrar-se exactamente neste grupo – o grupo daqueles que fazem pouco mais do que perder tempo.

Suponhamos que está à procura de um emprego interessante e que proporcione um salário razoável. Vamos também supor que quer fazer algo mais interessante do que o trabalho que tem feito nos últimos 30 anos. Naturalmente, vai começar por prestar mais atenção aos anúncios classificados no seu jornal local e, sempre que estiver a navegar na *Web*, vai começar a olhar para os *sites* de procura de emprego. Se está a planear mudar de cidade, pode começar a pesquisar os jornais *on-line* que cobrem a área geográfica da zona para a qual deseja ir residir.

Os anúncios geralmente são curtos. Por vezes nem é evidente que tipo de empresa ou de indústria está a fazer o recrutamento. Lembre-se que os gestores ou os administradores de recursos humanos que escrevem estes anúncios vivem no seu próprio mundo. Eles imaginam que a sua linguagem de perito é clara para toda a gente, porque é clara para os seus colegas. De facto, podem até escolher deliberadamente utilizar termos específicos, presumindo que a sua linguagem será entendida por quem tiver as credenciais certas para o emprego. Como candidato, o leitor encontra-se numa categoria especial. Tem uma vasta experiência e desenvolveu muitas competências ao longo dos anos. Porém, não sabe realmente nada sobre o mundo do trabalho fora do seu nicho particular. As suas competências podem ser transferidas para outras ocupações? Se podem, então que ocupações são essas?

Evitar a síndrome da "galinha da vizinha"

Se estiver aborrecido ou insatisfeito com o seu emprego actual, vai descobrir que praticamente todos os anúncios parecem muito apelativos. No entanto, o que os torna atraentes tem pouco a ver com o emprego que eles descrevem. Só lhe parecem atraentes porque são diferentes. Se fosse contratado para a maioria desses empregos, rapidamente iria perceber que não são mais agradáveis do que o seu emprego actual e que provavelmente não se encontra qualificado para eles. Os tais candidatos que acabei de descrever provavelmente sofriam da síndrome da "galinha da vizinha". Desperdiçaram o tempo a candidatar-se a empregos inapropriados, porque se centraram demasiado em si mesmos e nas suas necessidades. Ignoraram pistas óbvias e reviram-se a si e às suas qualificações em todos os anúncios.

Perceber o que um emprego implica

O leitor não vai querer ser atirado para a pilha dos rejeitados, o grupo de candidaturas que são rapidamente ignoradas. Portanto, a sua candidatura tem de deixar evidente que percebe o que o trabalho em causa implica e que tem os conhecimentos e a competência necessários para o fazer bem feito. Isto significa que não vale a pena candidatar-se a todos os empregos que captem o seu interesse.

Ocasionalmente os candidatos admitem que não têm a formação ou a competência pretendida, mas depois prosseguem dizendo que estão certos de que podem aprender. Esta confiança inflacionada pode aborrecer os empregadores, principalmente se as qualificações em falta exigirem anos de formação. De facto, uma gestora de recursos humanos queixou-se certa vez de que, se publicasse um anúncio a pedir um neurocirurgião, alguns optimistas iriam insistir que conseguiriam aprender as tarefas. Se realmente perceber as qualificações pretendidas e acreditar que tem a maioria delas, pode explicar especificamente como vai conseguir adquirir as qualificações que lhe faltam. Por exemplo, pode tirar um curso específico numa escola de formação local. Porém, se não perceber muito bem as qualificações listadas, não minimize o emprego presumindo que o consegue fazer.

Auxílio do Governo dos EUA

Para evitar desperdiçar o seu tempo, primeiro tem de perceber para que tipo de empregos se encontra qualificado. Não existe um primeiro passo melhor para isso do que obter uma cópia da publicação do Governo dos EUA *The Occupational Outlook Handbook*[*]. Este trabalho de referência, revisto de dois em dois anos, inclui quase tudo o que precisa de saber sobre qualquer ocupação e está disponível *on-line*, no *site* do Departamento do Trabalho dos EUA (*www.bls.gov*).

---

* **N. T.** Relativamente ao contexto português, pode encontrar no *site* do Instituto do Emprego e Formação Profissional a Classificação Nacional de Profissões (*http://www.iefp.pt/formacao/CNP/Paginas/CNP.aspx*).

Trata-se de uma enorme colecção de informação e pode não ter interesse em ver todas as classificações incluídas.

É mais fácil debruçar-se sobre informação específica na versão *on-line*, mas se não estiver a pensar em nenhuma área ocupacional específica, pode considerar mais útil sentar-se confortavelmente no sofá com este livro enorme e uma chávena de café. Mesmo que já tenha algumas noções sobre um emprego, pode vir a descobrir algo completamente inesperado. De facto, a maioria percebe que nem sequer tinha ideia de que existiam todas aquelas profissões.

Interpretar as designações dos empregos

Em quase todas as categorias ocupacionais existem designações de trabalhos que requerem graus académicos elevados e por vezes mesmo um certificado profissional. Se não tiver esse grau ou um certificado profissional, não vale a pena candidatar-se. Por outro lado, existem trabalhos que têm designações muito semelhantes, mas que não requerem este tipo de qualificações especializadas. As palavras "assistente" e "assessor" são pistas óbvias de que estes não são empregos com especialização. Porém, a palavra "técnico" na designação de um emprego pode não ter nada a ver com competências técnicas. O seu significado pode ser mais ou menos equivalente a "assistente". Termos mais impressionantes, como "coordenador", podem também ser associados a empregos menos exigentes. O *The Occupational Outlook Handbook* clarifica exactamente que competências e que nível educacional são geralmente exigidos para qualquer designação de emprego.

Se, tal como a maioria, tem estado concentrado no seu próprio trabalho durante os últimos 30 anos, vai descobrir que o mercado está completamente diferente daquele que existia quando era novo. Mudaram tanto as designações dos empregos como os tipos de funções que elas classificam e é para este mercado de trabalho que vai ter de se preparar, não para o que conheceu há alguns anos. Mais uma vez, o *The Occupational Outlook Handbook* pode fornecer-lhe uma boa imagem global do mercado de trabalho, bem como um cálculo do número de vagas que irão aparecer em cada ocupação. Se uma área for altamente competitiva talvez não faça sentido preparar-se para entrar nela. Se pretende mudar-se para uma outra cidade, é melhor escolher uma designação de trabalho que esteja disponível em muitos lugares diferentes. Da mesma forma, vai querer afastar-se de trabalhos que estão aglomerados em poucas zonas geográficas.

Analisar os anúncios

Antes de se envolver demasiado no processo de candidatura, passe algum tempo a escolher os anúncios que encontrar em *sites*. Tome notas no seu computador ou tenha lápis e papel à mão. Os passos seguintes irão ajudá-lo a manter o rumo:

- Comece no topo da lista e seleccione a primeira vaga que lhe parecer atractiva.
- Anote a designação do trabalho e depois, se não lhe soar familiar, consulte-a no *The Occupational Outlook Handbook*.
- Consegue encontrar a designação exacta do trabalho publicado no anúncio? Se a resposta for "sim", a sua tarefa está simplificada. Se não encontrar a designação exacta do trabalho, vai ter de combinar os deveres e as qualificações indicadas no anúncio com uma designação semelhante do *Handbook*. Contudo, vamos pressupor que encontrou exactamente a designação do trabalho, tal como se encontra listada.
- O anúncio descreve os deveres que quem for contratado para este cargo terá de executar? Compare-os com os deveres indicados no *Handbook*. Geralmente, a redacção do *Handbook* é um pouco mais fácil de perceber. Considerando as duas listas, os deveres parecem-lhe semelhantes? No passado já fez algum trabalho parecido com este?
- Os requisitos académicos estão claramente enumerados, quer no anúncio, quer no *Handbook*? Se não tiver a capacidade ou o grau requerido, não vale a pena desperdiçar o seu tempo e o do empregador. Se um cargo pede um grau de mestrado e o leitor só tem uma licenciatura, por exemplo, pode partir do princípio que não será considerado a não ser que a sua experiência seja superior à dos candidatos com a qualificação completa. Lembre-se

que um empregador pode ocasionalmente prescindir de um requisito se o candidato for excelente nas outras áreas, mas as suas qualificações têm de ser as que são exigidas. O seu interesse, sinceridade e boa vontade são extras, considerados somente depois de ter ultrapassado os obstáculos iniciais.

- Descubra mais sobre o tipo de deveres e de competências que esta designação de trabalho implica. Num motor de busca da Internet digite a designação exacta do emprego entre aspas e a frase "descrição do trabalho", também entre aspas. Isto deve originar uma série de resultados, provavelmente de descrições de trabalho para cargos semelhantes ao que está listado. Vai provavelmente descobrir que algumas descrevem empregos completamente diferentes, com deveres também completamente diferentes. Os empregadores podem estar a usar a designação do trabalho de uma maneira que vai ao encontro dos seus próprios interesses internos, mas que pouco tem a ver com a forma como a função está descrita no *Handbook*. Não se deixe confundir com estas descrições de trabalho enganadoras. Encontre duas ou três que sejam claramente semelhantes ao emprego anunciado e imprima-as.
- Olhe para os níveis salariais incluídos na descrição do *Handbook* e indicados nos anúncios. Se reflectirem responsabilidades semelhantes, os salários devem ser comparáveis. É claro que os salários nas grandes áreas urbanas são substancialmente mais elevados do que nas pequenas cidades, mas não é difícil considerar-se tal variação. Idealmente, está à procura de um salário superior ao de uma pessoa que grelha hambúrgueres no McDonald's ou ao de um escriturário com poucas competências. Porém, os salários superiores geralmente implicam uma experiência especializada. Se o nível salarial for muito elevado, este pode não ser o emprego para si a não ser que esteja disposto a adquirir algumas qualificações novas.
- Quando estiver a ler toda esta informação, consegue imaginar o tipo de pessoa de que estão à procura para este cargo? Tente olhar para a posição em causa do ponto de vista do empregador e evite distorcê-la para reflectir as suas próprias qualificações. A honestidade e a objectividade são essenciais.

- Agora compare-se a si com este candidato imaginário. É diferente de si? E em que se assemelham? Obviamente, o leitor tem muita experiência, mas esta pode ser descrita honestamente nas mesmas palavras utilizadas para as qualificações indicadas na designação do trabalho? As suas qualificações académicas são, pelo menos, semelhantes às indicadas?
- As qualificações que lhe faltam poderiam ser adquiridas com alguns cursos numa escola de formação local? Lembre-se que, mesmo que se tenha inscrito recentemente num curso, já o pode mencionar na sua carta de apresentação. No entanto, se for requerida uma preparação educacional extensa, a frequência de alguns cursos não irá enganar ninguém.

Nesta altura, já deve ter informação suficiente para decidir se um trabalho com esta designação é uma possibilidade real. Já tem uma percepção do ambiente em que iria trabalhar e é capaz de avaliar melhor o emprego do ponto de vista de um empregador. Agora já sabe se as suas qualificações são realmente comparáveis com as identificadas. Além disso, o *Handbook* deu-lhe uma boa ideia da competitividade destes empregos – por outras palavras, quantos mais candidatos poderão aparecer (com base no *The Occupational Outlook Handbook*). Agora pode decidir de maneira informada se deve ou não submeter a sua candidatura.

Continue a explorar designações de trabalhos listadas *on-line* e nos anúncios classificados do seu jornal. Repita estes passos sempre que encontrar um emprego pouco familiar. Parece-lhe demasiado trabalho? Quando no futuro se deparar com empregos semelhantes, o seu trabalho de casa já estará feito e já se encontrará preparado para tomar uma decisão. De facto, gradualmente irá criar uma lista de designações de trabalho que vai poder procurar rapidamente no Google ou noutro motor de busca. Pode até subscrever um serviço de "alerta", que lhe enviará um *e-mail* sempre que aparecer uma nova página na Internet. Lembre-se de que irá precisar de se esforçar para desenvolver o melhor pacote possível de candidatura e de o personalizar para cada vaga. A sua pesquisa irá, na realidade, poupar-lhe tempo, porque não se vai sentir tentado a candidatar-se a vagas inapropriadas.

Descobrir empregos não anunciados

Poderá ser uma surpresa para muitos descobrir que a maioria dos empregos na realidade não são anunciados, ou pelo menos que os seus anúncios não são fáceis de descobrir por pessoas fora do meio. Isto significa que grande parte da sua procura de emprego deve ser dedicada a essas vagas escondidas. Mas se estão escondidas, como pode encontrá-las? Embora seja de fora desse meio, é possível obter informação, que naturalmente vai ter origem nos informadores de dentro desse meio.

Identificar empregadores

Comece por identificar todos os potenciais empregadores na sua área. Se está a planear mudar-se, não está preso a uma cidade ou a um bairro específico, portanto tem um pouco mais de liberdade. Cada cidade dentro da localização que escolheu tem, provavelmente, uma Associação Comercial e esta tem provavelmente um *site*. Esta é uma tarefa um pouco entediante, mas vale a pena percorrer a lista completa dos seus membros. Como frequentemente existem ligações do *site* da Associação aos *sites* dos seus membros, pode ficar a saber muito sobre cada empresa, organizações não governamentais ou outras. Como já fez uma pesquisa extensiva usando o *The Occupational Outlook Handbook*, vai ser muito mais fácil identificar potenciais empregadores, que talvez tenham uma vaga que corresponda às suas necessidades e interesses.

Pode criar no seu computador uma base de dados que contenha a informação que for descobrindo. Crie, para cada empregador, um registo que inclua o nome, a morada, o telefone e os nomes de todos os colaboradores e de todas as designações de funções que conseguir descobrir. Se conseguir encontrar o nome e o número de telefone do director do departamento de recursos humanos, ou de outra pessoa envolvida de perto no processo de contratação, ainda melhor! Pode também criar uma nota da razão que o leva a acreditar que este empregador pode ter um emprego para si.

Reunir-se com directores de recursos humanos

A maioria das organizações com alguma dimensão tem pelo menos um membro do seu quadro que trata das questões relacionadas com o pessoal ou os recursos humanos. As responsabilidades destas pessoas, bem como o poder que elas detêm, difere de lugar para lugar, mas na maioria dos casos esta é a pessoa com quem o leitor vai querer falar. Depois de ter feito uma lista bem longa de potenciais empregadores, comece a fazer chamadas telefónicas. Pergunte pelo director de recursos humanos se não souber o seu nome, mas o resultado vai ser melhor se já tiver conseguido saber de antemão o seu nome e telefone directo. Se quem atender o telefone responder que não existe tal pessoa, pergunte quem trata dos temas de recursos humanos. Independentemente de com quem falar, pode sempre retirar informações úteis, portanto esteja preparado com perguntas feitas de forma simpática (e não agressiva). Por vezes os recepcionistas conseguem ser surpreendentemente úteis, pois sabem sempre quem são aqueles que lhe interessam.

Se a empresa tiver um director de recursos humanos ou um administrador de pessoal, peça para marcar uma entrevista. Explique que vai visitar a área e que gostaria de saber mais sobre a empresa. Se perceber que os administradores estão na defensiva, saliente que não está a candidatar-se a um emprego. Só pretende saber mais, possivelmente para futura referência. Mostre que respeita a posição deles e que pensa que eles são os mais bem preparados para lhe dar uma perspectiva das suas organizações.

Geralmente os administradores de recursos humanos não seleccionam os candidatos, mas podem garantir que a sua candidatura tem toda a consideração. Porém, o que o leitor realmente pretende agora pode assemelhar-se a "mexerico". Pretende uma perspectiva interna sobre a maneira como esta organização funciona. Mais uma vez graças ao *The Occupational Outlook Handbook*, o seu trabalho de casa está feito e já sabe bastante sobre os tipos de empregos que empregadores como este podem oferecer. Agora necessita de informação específica. Contudo, primeiro e o mais importante, é estabelecer uma relação amigável e confortável que lhe vai permitir, no futuro, telefonar para discutir as vagas de emprego que possam surgir.

Reunir-se com gestores

Como os administradores de recursos humanos geralmente não tratam da contratação, talvez a informação mais importante que pode retirar da sua reunião com eles seja a lista dos gestores de departamento. Se possível, tente marcar uma reunião com aqueles que poderão um dia vir a ter uma vaga na sua área. Dependendo da organização, isto pode ser mais difícil do que encontrar-se com alguém do departamento de recursos humanos. Os gestores podem ser da escola do "não nos ligue; nós ligamos-lhe". Em geral, quanto menos pressão fizer, mais faladores se tornam. Se conseguir "introduzir um pé na porta", tente fazê-los falar sobre o seu próprio trabalho e sobre as suas prioridades. Devido à sua longa experiência, vai perceber rapidamente que tipo de problemas enfrentam e pode ser mais perceptivo e compreensivo do que alguém mais novo. Mas tenha cuidado para não falar o tempo todo. Esta não é a altura de impressionar os gestores com as suas qualificações; isso seria entendido como uma forma de os pressionar para lhe darem um emprego.

Mais tarde, quando submeter a sua candidatura, pode recordar ao gestor esta conversa que teve com ele. Se tiver feito um bom trabalho, ele irá recordar-se de um homem ou de uma mulher que se mostrou entusiasta, compreensivo e realmente interessado no trabalho da empresa.

Recomendações de amigos e colegas

As redes sociais são talvez a melhor forma de entrar no mercado de trabalho "escondido". São muito eficazes quando consegue tirar partido dos vários contactos que tem feito na sua comunidade. Comece por restabelecer relações "adormecidas". Pense naqueles que conhece que possam ter conhecimentos no mercado de trabalho. Combine almoços com conhecidos que não vê há bastante tempo. Torne-se um membro activo dos grupos da sua comunidade dos quais já é membro. Pense que grupos sociais e cívicos poderão incluir membros bem relacionados. Ficará surpreendido com o número de vagas de emprego de que vai ouvir falar enquanto almoça num clube ou toma conta de uma barraquinha de feira com os seus companheiros de colectividade.

Quando está a planear mudar-se, as redes sociais tornam-se muito mais difíceis. Quando visitar um local para onde se possa mudar, tente conhecer tantas pessoas quanto possível. É fácil iniciar uma conversa com aqueles que têm algum conhecimento dos movimentos numa comunidade. Vá visitar um ou mais agentes imobiliários. Claro que deve expressar interesse no mercado imobiliário, mas não há qualquer razão para não discutir também os empregadores locais. Os funcionários de bancos e os corretores de bolsa são igualmente boas fontes de informação, porque o trabalho deles consiste em saber o que se está a passar na economia local. Se pertence a grupos cívicos que têm filiais espalhadas pelo país, vá a uma das reuniões durante a sua visita. Anote os nomes dos membros que conheceu e pergunte-lhes se lhes pode telefonar e fazer algumas perguntas.

Um "migrante sazonal" inteligente

Embora "migrantes sazonais" que procuram emprego considerem a maioria destas técnicas úteis, a sua situação é de certa forma única. Se quiser gozar o estilo de vida do "migrante sazonal" – por outras palavras, escapar aos Invernos rigorosos passando pelo menos os meses frios longe de casa – vai enfrentar complicações adicionais. A primeira decisão e talvez a mais importante que tem de tomar é se tenciona trabalhar apenas numa das localidades ou se vai procurar um segundo emprego para o resto do ano. Isto vai depender em grande medida da forma como encarar o tempo passado na zona mais amena: se o vai considerar umas férias alargadas. Se vir nestes meses de Inverno uma oportunidade para descansar e ficar longe de tudo, então talvez não queira estragar a situação voltando para um emprego aborrecido.

Por outro lado, provavelmente já está a considerar as férias mais ou menos como as licenças dos militares (um tempo para recuperação depois de uma missão perigosa). Se conseguiu encontrar empregos de que gosta, então não necessita de reservar tempo para recuperar das tensões do trabalho. Como a solidão pode ser um problema para os "migrantes sazonais", pois deixam a família e os amigos para trás, um segundo emprego pode proporcionar-lhes um grupo social já formado e no qual consigam encontrar novos amigos. Se regressarem para o mesmo emprego nos anos seguintes, então talvez consigam considerá-lo como o prazer de se reunirem com velhos amigos.

Alguns "migrantes sazonais" que trabalham tanto na sua comunidade de Verão como na de Inverno sugerem que, como a variedade é o "sal" da vida, é melhor arranjar dois empregos muito diferentes. Talvez um deles seja mais exigente em termos físicos e o outro requeira mais trabalho intelectual. Outros, no entanto, gostam da ideia de ter dois empregos semelhantes e até preferem trabalhar para o mesmo chefe nos dois sítios. Dessa forma, têm de fazer menos ajustes de cada vez que se mudam.

Um estilo de vida dispendioso

Enquanto está a considerar se precisa ou não de dois empregos e de que tipo deveriam ser, é capaz de ser uma boa ideia consultar o seu orçamento e a sua conta bancária. Já sublinhei anteriormente a importância de saber exactamente de quanto dinheiro irá precisar, antes de iniciar a procura de emprego. Tornar-se num "migrante sazonal" é geralmente mais dispendioso do que permanecer em casa, ainda que viva uma vida simples e poupada.

Lembre-se que vai passar a ter duas casas, pagar dois conjuntos de contas e ainda custear uma série de despesas de viagem. Tem também de contratar alguém para cuidar de cada uma das casas enquanto estiver ausente (cortar a relva, retirar a neve e reencaminhar a sua correspondência). Analise cuidadosamente estes custos adicionais e fale com outros "migrantes sazonais" antes de tomar uma decisão. Existem alguns grupos de discussão de "migrantes sazonais" na Internet, onde os membros gostam de iniciar novatos. O Yahoo (*groups.yahoo.com*) alberga muitos destes grupos e a SeniorNet (*seniornet.org*) tem uma excelente secção de discussões.

Os "migrantes sazonais" vistos pelos empregadores

Talvez a melhor maneira de começar uma procura de emprego como "migrante sazonal" seja tentar perceber como os empregadores o vêem. Imagine-os a considerar a sua candidatura – ou seja, a candidatura de alguém que tenciona ficar no emprego apenas durante alguns meses antes de partir outra vez para uma outra parte do país. Embora isso possa interferir nas suas hipóteses, é importante ser honesto sobre as suas intenções. Como muito provavelmente vai querer outro emprego no ano seguinte e nos outros, se não explicar claramente os seus planos vai acumular muito rapidamente uma série de más referências.

Necessidades sazonais

Não pressuponha que a reacção de um empregador vai ser negativa. Afinal, pagar a um colaborador para trabalhar o ano inteiro é dispendioso. Muitas ocupações têm altos e baixos sazonais. Veja, por exemplo, a indústria do turismo. Pode não ter pensado nisso, mas vai estar numa zona amena durante a estação alta do turismo de Inverno naquela área. Depois vai regressar à sua cidade precisamente quando esta se está a preparar para também receber turistas. Talvez nunca tenha pensado sobre os diferentes empregos na área do turismo, mas existem imensos. Por exemplo, pode pensar em envolver-se na gestão de um aldeamento turístico, de convenções, de agências de viagens, no planeamento de reuniões ou na manutenção e gestão de instalações recreativas, como parques temáticos e campos de golfe. A maioria destes trabalhos é sazonal por natureza ou pode ser adaptada ao seu calendário de "migrante sazonal".

O turismo não é o único sector da economia que tem altos e baixos. Se for um contabilista, ou se estiver simplesmente interessado em aprender a preparar declarações de impostos, pode conseguir ganhar durante o período fiscal dinheiro suficiente para o ano inteiro. Carpinteiros, empreiteiros e outros profissionais podem trabalhar apenas durante os períodos altos da construção.

Pense também que, quando se está a dirigir para o Sul, existem outros que estão a fazer o mesmo. Quando se está a dirigir para o Norte, também pode ter muita companhia. Tudo isto significa que existem mais pessoas a comprar nas lojas locais, a atestar o depósito de gasolina nas bombas locais, a ficar em hotéis e a comer em restaurantes, a ir ao cinema e até a fazer visitas inesperadas aos hospitais. Quase todas as indústrias que são afectadas por este fluxo de visitantes e residentes temporários irão provavelmente oferecer algumas formas de emprego sazonal.

Existe procura para si

Como as pessoas de meia-idade estão a começar a reformar-se, o mercado de trabalho já se começa a ressentir. Grandes cadeias de retalho como a Home Depot já estão a ter dificuldades em encontrar pessoal fidedigno para o seu serviço de atendimento ao cliente. Estes empregos não proporcionam salários elevados, portanto têm uma taxa elevada de rotatividade e os gerentes por vezes têm de aceitar candidatos menos do que satisfatórios. Imagine então o gerente de uma loja a olhar para uma pessoa de meia-idade experiente e com uma folha de serviço impecável. Para estes empregadores, cinco ou seis meses podem ser perfeitamente aceitáveis. Se também puderem contar com um colaborador que volta para a estação alta do ano seguinte, já com formação e pronto a trabalhar, que mais podem querer?

A Home Depot e outras cadeias de lojas descobriram que os "migrantes sazonais" estão entre os seus colaboradores mais úteis. Desenvolveram programas que permitem que um "migrante sazonal" se transfira de uma loja para outra e depois regresse para repetir o ciclo. Para estes grandes empregadores, com lojas localizadas por todo o país, os "migrantes sazonais" são colaboradores estáveis que chegam quando são precisos e partem quando o negócio abranda. As políticas e os procedimentos podem ser padronizados ao ponto de os colaboradores que regressam se sentirem como se nunca tivessem partido. Também é bom poderem juntar-se de novo à companhia amigável dos outros colaboradores.

A pessoa certa para o emprego

Seja qual for o tipo de emprego que escolher, é importante destacar-se como alguém particularmente bem qualificado, um candidato que seja conhecedor e experiente. Dessa forma, os empregadores recebem mais pelo investimento que fazem e olham para si como uma "pechincha" e não como uma responsabilidade. Poucos dos seus colaboradores mais novos serão suficientes para trabalhar com hábitos bem estabelecidos e prontos para se tornarem elementos produtivos do seu pessoal. Talvez até queira voltar à escola e preparar-se especificamente para uma ocupação que ofereça boas oportunidades sazonais.

Idealmente, não vai querer procurar um emprego de seis em seis meses, pois isso é cansativo, demorado e frequentemente enfraquece o nosso ego. Se gostou do trabalho, é bom poder voltar ao emprego que deixou no ano anterior. Se conseguir encontrar o nicho certo, os "migrantes sazonais" dizem que o resto é fácil. Quando os empregadores descobrem que os "migrantes sazonais" são bons para o negócio, quase sempre guardam o emprego até estes estarem disponíveis e acolhem-nos bem todos os anos.

Tornar-se trabalhador independente

Ocasionalmente, um empregador não está disposto a contratar "migrantes sazonais" devido ao complicado processo administrativo. Se contratar pessoal novo é um processo complicado com imensos formulários e elevados níveis de burocracia, o empregador pode sentir-se relutante em repetir esse processo de seis em seis meses. Nesse caso, talvez queira mencionar a possibilidade de se tornar um trabalhador independente. Em vez de ser um colaborador, a empresa poderia contratá-lo para desempenhar uma ou mais tarefas específicas. Em vez de um empregador, teria um cliente.

Como trabalhador independente não seria elegível para benefícios e teria de pagar a sua Segurança Social. Porém, se for elegível para um seguro de saúde, isto pode nem ser uma consideração importante. Muitas vezes é possível ganhar consideravelmente mais dinheiro como trabalhador independente do que como colaborador, de forma que pode pagar os benefícios do seu próprio bolso. Ser trabalhador independente é na realidade a mesma coisa que gerir o seu próprio negócio. Se for um pintor de casas, perito em gestão, engenheiro, ladrilhador, alfaiate, investigador, escritor, contabilista ou carpinteiro, provavelmente conseguirá manter-se ocupado e bem pago se vender os seus serviços.

Ter tudo

São poucos os que têm a sorte de conseguirem reformar-se de um emprego, receber uma pensão e continuar a trabalhar com os seus empregadores como consultores independentes. Dessa forma, podem estabelecer os seus horários e ser pagos pelo trabalho que conseguem cumprir e não pelo tempo que levam a executá-lo. Alguns até conseguem levar com eles o trabalho, quando partem para as suas casas de Inverno. Nem todas as tarefas podem ser empacotadas e levadas consigo, mas existem muitas competências ligadas à informática e que são facilmente transportáveis. Por exemplo, se consegue elaborar anúncios, boletins ou brochuras com um programa de computador, pode enviar para a empresa, por *e-mail*, os produtos acabados. Os programadores informáticos podem executar o seu trabalho em qualquer lado e alguns empregos no sector das vendas requerem pouco mais do que um computador e um telemóvel.

Se estiver interessado em tornar-se um trabalhador independente, vai precisar de fazer alguma pesquisa para saber exactamente quais as diferenças que existem entre um colaborador e um trabalhador independente. O Estado é muito exigente em relação a esta distinção, principalmente porque os empregadores as utilizaram no passado para evitar mais responsabilidades.

Organizar tudo

Se geriu o seu tempo correctamente, já sabe uma série de coisas sobre o mercado de trabalho, incluindo os nichos e os recantos onde o seu emprego ideal pode estar escondido. É esta preparação que torna a presente procura de emprego diferente das outras que fez no passado. Nessa altura, quando andava à procura de emprego, muito provavelmente explorou somente uma pequena fracção das vagas então disponíveis e considerou apenas os empregos que reconheceu como semelhantes àquele que ia deixar. Muito provavelmente, a única grande diferença entre eles era o salário.

Mas se este é o emprego que vai mudar a sua vida e possibilitar que realmente aprecie os anos de trabalho que ainda tem pela frente, então esta procura tem de ser diferente. Tem de o deixar fazer uma opção verdadeira e não ceder a imperativos económicos.

Capítulo 6
Aperfeiçoar a sua candidatura

CANDIDATAR-SE A UM EMPREGO é difícil para o seu ego, seja em que altura for, mas é particularmente complicado depois dos 50 anos. Tem um currículo que revela experiência, então por que razão os empregadores não conseguem ver que é a pessoa certa para o lugar? Não parece justo que seja obrigado a passar por todas as etapas típicas da procura de emprego, como se ainda fosse um jovem inexperiente de 20 anos. Como já deve ter percebido, este livro começa com algumas informações básicas sobre o mercado de trabalho e uma das mais importantes é que os empregadores contratam pessoas que correspondem à imagem mental que têm do candidato perfeito. Mas acontece que esta imagem mental é exactamente a que vêem ao espelho. Os supervisores e os gestores que tratam das contratações não têm tempo para analisar cuidadosamente cada candidatura. Procuram então pistas que indiquem facilmente que determinado candidato é o tipo certo de pessoa – e o tipo certo de pessoa segue as regras. Se o leitor não as segue, é porque existe algo de errado consigo.

O candidato perfeito é muito semelhante aos outros candidatos ao emprego, só que melhor. Como já deve ter descoberto, a maioria desses candidatos são muito mais novos. Ainda não há muito tempo estavam a receber aconselhamento nos gabinetes de emprego das suas universidades e a ler os muitos livros que existem sobre a elaboração de currículos apelativos e sobre os truques utilizados pelos candidatos de sucesso. Isto significa que todas as outras candidaturas são semelhantes umas às outras e seguem determinadas regras.

Então, quais são estas regras que os candidatos de sucesso cumprem? Resumidamente, as regras formatam a imagem que se apresenta a um potencial empregador, tanto em pessoa como na forma de materiais escritos. A sua carta de apresentação e o seu currículo nunca devem ser escritos à pressa, improvisadamente. Nunca deve ir buscar um formulário de candidatura a uma empresa tendo um ar "desmazelado" e pouco cuidado, ainda que seja só entrar e pegar nele. Para além destes princípios básicos, muitas das regras estão apresentadas ou pelo menos indirectamente referidas no anúncio do emprego. Por exemplo, não se telefona a pedir informações se o anúncio indicar "não se aceitam telefonemas". Muitas destas pistas são mais subtis e aperceber-se delas e agir de acordo com o que lhe indicam é uma parte essencial de uma procura de emprego de sucesso.

O "pacote" de candidatura

Embora algumas partes do "pacote" de candidatura possam ser utilizadas novamente para candidaturas a outros empregos, cada uma deve ser um pouco diferente e particularmente centrada no trabalho em questão. Obviamente, da próxima vez que vir a mesma designação de um trabalho num anúncio já vai ter à mão a maior parte da informação de que necessita. Lembre-se que este é um empregador diferente, com expectativas diferentes. Procure pistas no anúncio e ajuste a sua candidatura de acordo com elas.

Se a vaga de emprego que encontrar a seguir tiver exigências e qualificações requeridas significativamente diferentes, vai ter de fazer alterações substanciais. Mais à frente iremos discutir alguns "atalhos" que lhe irão poupar tempo, mas estes não existem na fase de investigação. Se não perceber o que um determinado empregador realmente quer, é provável que a sua candidatura acabe no grupo dos rejeitados.

Cada candidatura deve incluir tanto uma carta de apresentação como um currículo profissional. Alguns empregadores exigem que preencha também um formulário de candidatura. Como o currículo desempenha um papel muito importante na determinação da sua capacidade para uma função, iremos dedicar o capítulo seguinte exclusivamente a este tema. Alguns candidatos colocam um currículo num envelope e enviam-no ao empregador sem qualquer outra explicação sobre quem são e por que razão estão interessados no cargo. Por outras palavras, o currículo é forçado a apresentar-se sozinho, nu e desprovido de toda a informação que poderia ajudar um empregador a olhar para si como indivíduo, como alguém que talvez se adapte confortavelmente à organização. Se estivesse perante um gestor ou um administrador de recursos humanos não iria simplesmente atirar-lhe com o seu currículo à cara e sair. Da mesma forma, nunca deve enviar um currículo sem este estar devidamente apoiado por uma carta de apresentação cuidadosamente escrita.

Escrever excelentes cartas de apresentação

Para ser eficaz, a carta de apresentação tem de ser única. Deve dizer tudo o que um currículo não pode dizer sobre a sua aptidão para o cargo e o seu interesse no empregador. É a sua oportunidade para se vender à pessoa encarregue de seleccionar e pode bem ser a única oportunidade que tem para o fazer. Por que motivo, então, existem tantas pessoas a desperdiçar esta oportunidade? Por que razão tantos não enviam qualquer carta ou optam por enviar uma carta padrão que consiste apenas numas linhas?

Aperfeiçoar a sua escrita

Em alguns casos, a razão é simples: os candidatos não gostam de escrever. Não confiam na sua capacidade para compor uma carta bem escrita e gramaticalmente correcta. Imaginam (com alguma justificação) que serão avaliados pela sua ortografia e gramática. Agora é uma boa altura para decidir se esta descrição se adapta ou não a si. Se tiver boa capacidade de escrita, vai ter uma grande vantagem sobre os outros candidatos. Se a sua capacidade de comunicação escrita deixar algo a desejar, então existem formas muito melhores de corrigir esta deficiência do que simplesmente não escrever a carta de apresentação.

Sabe alguma coisa sobre aqueles que vão ler a sua carta que lhe permita antecipar a reacção deles? Sabe se têm uma capacidade de escrita muito superior à sua?

Professores, advogados e directores de bibliotecas, por exemplo, são geralmente bons redactores. É provável que os executivos comerciais tenham aprendido a escrever frases gramaticalmente correctas, mas que a sua escrita seja curta, directa e sem floreados. Tem alguma experiência em comunicar com pessoas assim? Se tem, pode usar a linguagem deles e ser um pouco menos formal. Contudo, a informalidade não pode ser desculpa para uma gramática ou ortografia descuidadas. Se não sabe o que vai enfrentar, é melhor ter um cuidado especial com as suas cartas de apresentação.

Lembre-se que aqueles que lerem a sua carta de apresentação irão tentar encaixá-lo num padrão que entendam. Como não têm perícia especial em psicologia e não têm uma bola de cristal, vão tentar descobrir se a imagem com que ficam de si, proveniente da sua candidatura, se assemelha à de outras pessoas que conhecem e que tenham tido sucesso em empregos semelhantes. No capítulo seguinte iremos discutir algumas formas de tornar o seu currículo um exemplo do candidato perfeito. Mas a sua carta de apresentação proporciona outra oportunidade excelente para se dar a conhecer.

O que incluir na sua carta de apresentação

Como a carta de apresentação tem geralmente uma única página, pode ser difícil decidir o que se deve incluir e o que se deve deixar de fora. A lista que se segue consiste na informação básica que todas as boas cartas de apresentação devem incluir:

- **Comece pelo emprego ao qual se está a candidatar.** Primeiro, e mais importante, a sua carta de apresentação deve dizer ao empregador que tipo de cargo o leitor procura. Se está a responder a um anúncio específico, deve incluir a designação exacta.
- **Utilize a sua carta de apresentação para seduzir o destinatário.** Enquanto os currículos são por natureza "padronizados", as cartas de apresentação podem de facto ser interessantes. Pense na informação que pode interessar aos empregadores e torne a sua carta de tal forma apelativa que estes não terão outra hipótese senão considerar a sua candidatura cuidadosamente.

- **Utilize a sua carta de apresentação para adicionar e especificar informação do seu currículo.** Como a carta de apresentação tem uma forma mais "livre" do que um currículo, tire partido da liberdade que esta lhe dá.
- **Expresse a sua personalidade na carta de apresentação.** Insinue a sua personalidade comunicando humor, sucesso e optimismo. Descreva alguém que é tão interessante que um empregador o quererá conhecer melhor.
- **Chame a atenção para os conhecimentos ou as capacidades que se podem perder num currículo.** Não repita simplesmente a informação do seu currículo, escolha êxitos particularmente impressionantes ou relevantes.
- **Deixe evidente que consegue expressar-se eficazmente.** Os currículos nem sempre são escritos pelos próprios candidatos. Uma carta de apresentação expressiva e única deixa bem evidente ao empregador que o candidato tem uma boa capacidade de comunicação.
- **Utilize a carta de apresentação para personalizar cada candidatura.** A liberdade para tornar um currículo mais relevante é limitada, mas a sua carta de apresentação deixa-o responder mais fácil e directamente às qualificações indicadas no anúncio do emprego. É uma boa ideia copiar alguma da linguagem utilizada na descrição do trabalho, para captar a atenção de quem está a ler a carta.
- **Deixe bem evidente que tem actualizado as suas competências.** Como uma das razões principais para se ignorarem candidatos mais velhos é o receio de que as suas competências estejam ultrapassadas, esclareça claramente que as suas se encontram actualizadas. A carta tem de ser relativamente curta, portanto não vai conseguir entrar em detalhes; mas uma menção rápida de um curso avançado de informática, de um *workshop* com um título moderno ou de um seminário dinâmico pode fazer maravilhas na destruição da imagem de "velhote".

Por que razão quer o emprego?

A informação mais importante que talvez possa utilizar numa carta de apresentação é a razão pela qual está interessado no emprego. Este não é provavelmente o emprego que procuraria se estivesse ainda a trabalhar afincadamente para subir na carreira. Um gestor mais novo pode naturalmente supor que tentou dar esse passo e que falhou. A sua tarefa é convencê-lo de que não é um falhado e que as razões pelas quais está interessado no emprego são perfeitamente compreensíveis. Não perca tempo a desculpar-se, porque o tom da carta tem de ser positivo e entusiasta. Por que razão este emprego lhe parece desafiante? Por que razão pensa que é exactamente o ideal para os seus interesses e capacidades?

Lembre-se que os motivos que vai apresentar na carta de apresentação não devem incluir a necessidade de ter um trabalho com menos *stress* ou que seja menos cansativo. Isso iria reforçar o estereótipo de os mais velhos não terem saúde e energia. Tem outras razões que uma pessoa mais jovem consegue entender e apreciar. Faça uma lista dos verdadeiros motivos para querer este trabalho. Depois risque os que possam indicar insatisfação com o seu chefe actual, redução de *stress* ou qualquer outra razão que não contribua para uma imagem positiva de si e da posição que pretende.

O que mais deve incluir na sua carta de apresentação

Como já teve uma longa carreira, provavelmente poderia escrever várias páginas sobre as suas competências, experiência e interesses. Não o faça! Lembre-se que esta carta deve ser semelhante à dos outros candidatos, mas que deve deixar evidente que a sua candidatura é a melhor escolha para este emprego em particular. Isto significa uma carta pequena, mas com muito impacto. Deve incluir apenas o que é relevante para esta vaga específica. A sua carta de apresentação e o seu currículo são as duas oportunidades para se "vender" e evitar acabar no lote das candidaturas rejeitadas. Rever um enorme monte de candidaturas é uma tarefa difícil e que poucos gostam de fazer. A maioria tenta acabá-la o mais depressa possível. A primeira selecção é feita rapidamente; portanto, deve salientar alguma informação positiva. Como o empregador geralmente lê primeiro a carta de apresentação, esta tem uma enorme responsabilidade.

Então, o que deve incluir e, mais importante ainda, o que deve excluir? Primeiro, escreva correctamente o nome da pessoa a quem deve dirigir a carta, o endereço e a designação da função pretendida. Verifique esta informação diversas vezes para se assegurar de que não tem erros. Alguns não se importam que os seus nomes sejam escritos com erros; outros ofendem-se com o mínimo dos erros ortográficos. Um erro na designação da função pode avisar o destinatário da carta para a possibilidade de esta ser uma carta padrão que já enviou a outros empregadores. Lembre-se que quer ser o melhor candidato *para este trabalho em particular.* Se nem sabe o que é o trabalho, por que motivo o empregador deve acreditar que é a melhor escolha?

Uma carta de apresentação proporciona uma boa oportunidade para "realçar" um ou possivelmente dois dos seus empregos anteriores que ilustrem as suas qualificações. Relembre-se do passado. Relembre-se dos seus êxitos mais significativos. Recebeu algum prémio, uma avaliação extraordinária ou outras recomendações? Conseguiu poupar dinheiro ao seu chefe ou criou um novo procedimento que poupou horas de mão-de-obra? O seu objectivo é convencer o destinatário da carta que já desempenhou um trabalho semelhante com resultados excepcionais.

Personalizar parte da sua carta de apresentação

Alguns candidatos personalizam o primeiro parágrafo da carta de apresentação para cada candidatura, mas deixam o resto por rever, argumentando que quem a recebe provavelmente só lê o primeiro parágrafo e só vê o resto de relance. Esta não é uma má estratégia se centralizar os seus esforços em fazer um primeiro parágrafo tão forte, que fará praticamente todo o trabalho da carta. Se utilizar este parágrafo para abordar qualificações específicas indicadas no anúncio, pode ser uma forma de usar o seu tempo mais eficazmente. Mesmo assim, a secção "padrão" da carta pode conter palavras perdidas, que estão apenas a ocupar espaço. Se se basear nesta informação e mudar somente o empregador, a designação do emprego e talvez uma frase ou duas, poderá estar a perder o que é possivelmente a sua única oportunidade de passar no primeiro nível de selecção.

No entanto, tenha cuidado para que o texto da carta não seja meramente uma longa lista de todos os empregos que já teve. A sua história profissional, cuidadosamente aperfeiçoada, está no seu currículo. Esta não é a função da carta de apresentação. É mais importante apresentar-se como sendo uma pessoa entusiasta, bem sucedida, flexível e de aprendizagem rápida. Contudo, mencionar apenas estas qualidades valiosas não é realmente eficaz e pode até aborrecer o destinatário da carta. Associar resumidamente estes adjectivos a êxitos produz uma carta mais forte.

Retocar a candidatura

Quando éramos novos, acabados de chegar ao mercado profissional, os computadores ainda eram do tamanho de uma sala e só estavam disponíveis nas grandes empresas e agências governamentais. As candidaturas de emprego variavam de acordo com o indivíduo e o empregador. De facto, por vezes até se aceitavam algumas escritas à mão. Nos anos mais recentes, os computadores pessoais, os livros de desenvolvimento de carreira e os conselheiros de orientação profissional das faculdades trouxeram uniformidade ao processo de candidatura, fazendo com que uma se assemelhe muito a todas as outras. Quando há alguma que se destaca, geralmente não é por razões positivas. Os empregadores que procuram formas rápidas de eliminar candidatos indesejáveis podem excluir candidaturas escritas com pouco cuidado, manchadas ou impressas num tipo de letra peculiar. De facto, os conselheiros de orientação profissional até debatem o impacto da cor do papel numa candidatura.

Isto, obviamente, significa que os materiais da sua candidatura têm de ser produzidos num computador. Evite enviar seja o que for escrito à mão ou numa máquina de escrever. Uma página escrita numa máquina de escrever tem um aspecto muito diferente de uma escrita com um processador de texto. Ainda que seja um bom dactilógrafo, a sua candidatura vai sobressair e marcá-lo como diferente. Por outro lado, os que estão pouco familiarizados com computadores ficam frequentemente impressionados com a quantidade de tipos de letra disponíveis com o simples clique do rato. Contudo, uma candidatura para emprego não é o momento ideal para experimentar tipos de letra artísticos e a maioria dos candidatos opta pela mais do que habitual Times New Roman ou outro tipo de letra amplamente utilizado.

Tal como o tipo de letra escolhido não deve chamar atenção indesejada, o papel deve ser de boa qualidade, mas sem dar nas vistas. Geralmente não se utilizam cores, embora alguns sugiram papel de boa qualidade em creme ou cinzento-claro, de forma a chamar discretamente a atenção para a sua candidatura.

Pense no leitor

Quando estiver a escrever a sua carta de apresentação, pense em quem a irá ler. Como os anúncios de emprego geralmente resultam em centenas de candidaturas, os empregadores pedem com frequência a um assistente administrativo, ou outro colaborador que não está realmente envolvido no processo de recrutamento, para fazer o escrutínio das candidaturas. Esta pessoa verifica e certifica-se de que todas contêm os documentos especificados no anúncio. Além disso, o escrutinador pode ainda verificar se os candidatos possuem os requisitos básicos para o emprego. Se suspeita que a sua candidatura pode ser alvo de escrutínio antes de chegar a alguém com poder de decisão, então vai querer adaptar a sua carta de apresentação de acordo com esta realidade. O seu primeiro parágrafo deve deixar bem clara a forma como cumpre estes requisitos. Deve usar quase exactamente as mesmas palavras que foram usadas no anúncio, porque o escrutinador pode não saber o suficiente sobre o cargo para reconhecer expressões equivalentes.

Por vezes, pode decidir candidatar-se a um cargo mesmo que não tenha todas as qualificações exigidas. Como já discutimos anteriormente, não se deve candidatar a não ser que tenha algumas razões objectivas para que as suas qualificações sejam consideradas iguais ou superiores às que foram indicadas. Um supervisor ou um gestor pode concordar, mas é pouco provável que um escrutinador perceba tais distinções. Portanto, o seu desafio aqui é fazer corresponder as suas qualificações às que foram indicadas, sem distorcer a verdade.

Pedir ajuda

Se for um daqueles candidatos que geralmente não usam, ou que copiam, a carta de apresentação, pode precisar de ajuda. Tem um amigo ou familiar que escreva bem?

Se não estiver confiante acerca do nível da sua gramática, é sempre melhor ter alguém a verificar a carta para si. Os correctores ortográficos informáticos são maravilhosos, mas existem muitos erros que eles não apanham. Os melhores revisores são geralmente os professores da língua, mas até os seus amigos e familiares podem ajudar. O seu "editor amador" só precisa de ser bom em detalhes, observador e capaz de lhe devolver rapidamente a carta corrigida.

Geralmente não somos bons revisores e tendemos a saltar por cima de erros mais pequenos; portanto, pode ser preferível contratar um revisor profissional. Muitos *sites* dedicados à escrita criativa têm longas listas de revisores que trabalham principalmente com escritores em dificuldades. Para encontrar um revisor, pesquise a lista de contactos dos membros da Editorial Freelancers Association (*www.the-efa.org*). Quando iniciei uma pesquisa encontrei os nomes de 530 revisores, todos com endereço, telefone e um curto parágrafo descrevendo as suas áreas de especialização.*

Como é provável que muitos destes revisores vivam eles mesmos com dificuldades, muitas vezes estão dispostos a rever as suas cartas por uma taxa fixa por página. (Como a carta de apresentação geralmente é apenas de uma página, o custo é muito razoável). Pode conseguir um acordo que lhe permita anexar um rascunho da sua carta a uma mensagem de *e-mail*. O revisor recebe a carta, faz alterações e correcções e depois devolve-a anexada a um outro *e-mail* para si. Se os dois utilizarem o mesmo programa de processamento de texto, não deve haver dificuldades na troca dos ficheiros.

Preencher formulários de candidatura

Alguns empregadores têm formulários especialmente desenvolvidos para candidaturas e exigem que sejam preenchidos por todos os candidatos. Embora por vezes seja possível substituir um formulário pelo currículo, os gestores de recursos humanos frequentemente aconselham os supervisores a insistirem nos formulários preenchidos. Na verdade, estes formulários têm um objectivo legal,

* **N. T.** Em Portugal, o mais fácil é procurar "revisor de texto" num motor de busca.

porque geralmente exigem que os candidatos assinem uma declaração que assuma a veracidade da informação. Ao assinar esta declaração, os candidatos reconhecem que o contrato de trabalho pode ser rescindido se tiverem prestado informações falsas. Outra razão pela qual os gestores de recursos humanos gostam de utilizar o formulário especial é que isso impede que os candidatos evitem perguntas difíceis. Geralmente é muito mais fácil esconder fracassos profissionais num currículo do que num formulário de candidatura.

Se o anúncio da vaga de emprego mencionar um formulário destes, certifique-se de que obtém uma cópia antecipadamente. Alguns candidatos cometem o erro de presumir que não precisam de se esforçar muito com o formulário, desde que tenham todos os outros materiais em ordem. Mas como não se sabe qual a ordem pela qual os seus materiais vão ser analisados, este não é um pressuposto seguro. Se exigirem um formulário de candidatura, vai ter de se esforçar tanto como para um currículo ou para uma carta de apresentação.

Primeiro que tudo, como vai fazer para que o formulário preenchido pareça em ordem e profissional? Muitos candidatos simplesmente agarram no formulário, sentam-se com uma caneta e preenchem-no logo ali. Porém, se este for o primeiro documento que o escrutinador analisar e se estiver confuso e desordenado, pode ir parar ao lote dos rejeitados antes de alguém ver o seu currículo ou a sua carta cuidadosamente escritos. Portanto, leve o formulário para casa e pense cuidadosamente como vai responder a cada pergunta. A maioria já deitou para o lixo as velhas máquinas de escrever, mas há bibliotecas que ainda têm algumas para uso público. Se for um dactilógrafo razoavelmente bom, esta pode ser a melhor forma de completar o formulário. Se a sua caligrafia fazia as delícias dos seus professores na escola, então pode escrever cuidadosamente a informação em letra de imprensa, mas certifique-se de que tem líquido corrector à mão. Os candidatos que sabem utilizar computadores podem digitalizar o formulário para os seus computadores e depois inserir caixas de texto, sem rebordo, à frente de cada pergunta. Muitos empregadores disponibilizam os formulários nos seus *sites*. Dependendo do formato do ficheiro, pode ser possível descarregar o formulário e responder às perguntas utilizando o seu processador de texto.

Independentemente do método que escolher, o formulário de candidatura tem de parecer quase tão bom como o resto dos seus documentos, porque tem exactamente as mesmas hipóteses de sobressair. Alguns candidatos completam apenas as respostas que não estão incluídas no seu currículo e junto das outras escrevem ou imprimem "Ver currículo". Esta é uma estratégia arriscada, porque os dois documentos podem estar separados e o escrutinador ou o empregador podem não querer dar-se ao trabalho de "Ver currículo". Por lei, não tem de revelar a sua idade, estado civil ou fornecer outras informações pessoais. No entanto, a forma como a candidatura é redigida pode tornar difícil esconder esta informação. Pode também verificar que é difícil camuflar um breve período de desemprego. Nestes casos, "Ver currículo" pode ser a melhor forma de contornar o problema.

Candidaturas *on-line*

Com a chegada da Internet, as regras para se enviar candidaturas começaram a mudar. Muitos empregadores estão a usar a *Web* para agilizar o processo de contratação, enquanto outros ainda anunciam as vagas e encaram as candidaturas "à moda antiga". Esta disparidade pode tornar difícil saber qual é a melhor forma de se abordar um empregador.

Muitos empregadores do sector público e privado não só permitem a candidatura a vagas de emprego nos seus *sites*, como na realidade até preferem receber as candidaturas desta forma. Grandes empregadores muitas vezes utilizam programas informáticos para eliminar candidatos obviamente inadequados. Imaginemos que descobre um emprego que lhe interessa num *site* e pode candidatar-se *on-line*. Talvez lhe peçam para completar um formulário *on-line* que contém uma série de perguntas de resposta curta, de escolha múltipla ou simplesmente "sim/não". Depois de ter preenchido os campos referentes às perguntas, pedem-lhe que anexe um currículo e, pronto, acabou-se. É esta a melhor forma de se abordar um potencial empregador? Tal como no que diz respeito a muitas outras perguntas relacionadas com o processo de candidatura, a resposta é "talvez sim e talvez não".

Se se está a candidatar a um emprego no sector informático, pode geralmente supor que aqueles que recebem a sua candidatura percebem de computadores e, provavelmente, sentem-se mais confortáveis com ficheiros computorizados do que com um monte de candidaturas impressas. De facto, estes gestores *high-tech* podem estar habituados a lidar com quase toda a correspondência a partir dos seus computadores. Mas e os outros empregadores? O receio que muitos candidatos têm (e muitas vezes justificado) é que o responsável pelo *site* tenha criado a candidatura *on-line*, mas que os supervisores e os especialistas de recursos humanos mal saibam que existe esse formulário. Tudo varia de acordo com o nível de dependência de computadores daqueles com poder de decisão.

Passe algum tempo a ler toda a informação da secção "Oportunidades de Emprego" do *site*. Veja se consegue perceber se o empregador na realidade tem preferência sobre a forma como recebe as candidaturas. Parece-lhe que as candidaturas submetidas *on-line* serão consideradas em primeiro lugar? O endereço para onde devem ser enviadas as candidaturas está claro, ou é necessário pesquisar no *site* para se encontrar o nome, o título e o endereço físico? Na verdade, os empregadores podem nunca analisar as candidaturas que chegam de forma inesperada.

Depois, pense se pode apresentar-se correctamente através de uma candidatura *on-line*. As perguntas dão-lhe oportunidade para salientar as suas qualificações mais positivas? As perguntas "padronizadas" forçam-no a revelar informação profissional que o seu currículo e carta de apresentação disfarçam com mestria? A candidatura *on-line* não lhe permite esconder a sua idade? Se acredita que pode não receber atenção total a não ser que submeta uma candidatura *on-line*, faça-o, submeta uma; mas em seguida envie também o seu "pacote" normal de candidaturas. Desta forma, tem duas oportunidades para deixar uma impressão positiva.

É fácil carregarmos no botão errado e cometermos outros erros quando estamos a preencher uma candidatura *on-line*. Se as instruções são confusas, pode sentir-se desconfortável e incapaz de pensar em boas respostas. Portanto, é uma boa ideia imprimir todas as perguntas de todas as páginas. Depois passe algum tempo a pensar nas melhores respostas e até a escrevê-las com ponderação. De facto, por vezes é melhor escrever as suas respostas no processador de texto e passá-las depois para a candidatura *on-line*. Um amigo contou-me que, se o programa de computador não lhe permite ver a página seguinte até ter respondido a todas as perguntas na página anterior, ele insere um nome fictício e escreve a informação necessária para poder prosseguir, saindo do *site* antes de ter de submeter a candidatura.

A arte de contactar um ser humano

Se um empregador anunciar uma candidatura *on-line*, pode estar razoavelmente certo de que o mesmo programa informático que é utilizado para o recrutamento também é utilizado para seleccionar candidaturas indesejáveis. De facto, algumas agências de emprego calculam que cerca de três quartos dos empregadores utilizam programas informáticos que permitem aos computadores lidar com candidatos obviamente inaceitáveis. Desta forma, os humanos com poder de decisão não têm de perder tempo a fazê-lo. Os candidatos também recebem quase imediatamente uma resposta à sua candidatura e, se foram eliminados, sempre é melhor saberem a verdade sem demora. No entanto, o computador pode eliminá-los quando um escrutinador humano poderia até ter ficado positivamente impressionado com a sua candidatura. Por que motivo isto acontece? Por que razão um programa informático interpreta uma candidatura de uma forma enquanto um ser humano poderia ver uma coisa completamente diferente?

Infelizmente, os computadores apenas procuram padrões – por exemplo, uma resposta "sim" a uma pergunta que deveria ter sido respondida com um "não" ou uma palavra ou frase que tenham sido apontadas como sinais reveladores de um candidato subqualificado. Embora os meios de comunicação social frequentemente retratem os computadores como supercérebros, não se esqueça que os computadores não conseguem pensar. A sua capacidade para interpretar o que se escreve é muito limitada; portanto, é uma boa ideia considerar estas limitações quando submeter a sua candidatura. Eis algumas estratégias básicas para obter o selo de aprovação electrónico e enviar depois a candidatura a um ser humano:

Criar duas versões do seu currículo. Uma versão deve ser a que é impressa e enviada por correio com os outros documentos da candidatura; a outra é a que vai anexar às candidaturas *on-line*. Iremos dedicar um capítulo inteiro à redacção de um currículo eficaz e certamente não vai querer ver todo esse seu trabalho desperdiçado. O programa informático de recrutamento irá "mastigar" e tentar digerir, ou interpretar, qualquer currículo que seja submetido. Se o currículo não estiver formatado de forma muito simples e sem os embelezamentos recomendados para os currículos impressos, o currículo "mastigado" pelo computador pode tornar-se uma confusão. Evite usar modelos de currículo que já vêm com o Microsoft Word, pois estes utilizam formatações demasiado complicadas.

Se tem dúvidas sobre a capacidade do programa informático para interpretar correctamente o seu currículo, pode tentar esta experiência: se o seu currículo estiver num formato de Microsoft Word, tente guardá-lo num formato "rich text" ou "texto com *layout*". Estas são opções que o Word lhe dá quando selecciona "Guardar como" no menu. Se fechar o ficheiro e depois o abrir no seu computador, vai poder ver a versão de texto do seu currículo como o programa informático do empregador a vê.

Na versão *on-line* do seu currículo, não utilize um tipo de letra demasiado elaborado; o Times New Roman ou o Arial são os que resultam melhor, porque estão disponíveis em quase todos os computadores.

Utilize palavras que signifiquem sucesso. Recorra a palavras positivas e afirmativas quando estiver a responder a perguntas ou a submeter o seu currículo *on-line*. Os programas informáticos procuram palavras como "desenvolvido", "gerido", "com sucesso" e "conquistado". Lembre-se que o programa informático tem um vocabulário limitado; portanto, não se pode ser subtil.

Edite o seu currículo cada vez que submeter uma candidatura *on-line*. Repita muitas das palavras e frases incluídas na descrição do emprego. Lembre-se que o computador procura certas palavras e, portanto, tem de lhas fornecer.

Ultrapasse o computador. Faça um telefonema. Fale com uma pessoa. Pode sempre pedir mais informação sobre o emprego e depois mencionar as suas qualificações. Ainda que tenha de voltar à candidatura *on-line*, pelo menos agora sabe mais sobre o emprego do que o que ficara a saber através das poucas frases do *site*.

Desenvolva um contacto pessoal com alguém que trabalha para o empregador. Passe algum tempo a estabelecer ligações nas associações profissionais e nas Associações Comerciais, bem como outras situações onde possa cultivar conhecimentos com quem trabalhe para os empregadores constantes da sua lista. Os amigos podem "fazê-lo entrar pela porta das traseiras" e podem orientá-lo tanto com os escrutinadores humanos como com os informatizados.

Candidaturas por *e-mail* e fax

Tanto os faxes como os *e-mails* têm a vantagem de chegar instantaneamente. Quando existe um prazo para a recepção das candidaturas e a sua correr o risco de não chegar a tempo por correio normal, estes dois métodos oferecem-lhe a garantia de que a sua candidatura vai ser considerada. Contudo, se tem tempo para apresentar a sua candidatura, porquê enviá-la electronicamente? Alguns empregadores permitem aos candidatos o envio dos seus documentos por fax ou por *e-mail*. Sendo estas duas formas de enviar a candidatura uma opção, a pergunta é se deveria ou não tirar partido desta oportunidade.

A maior parte dos especialistas avisa que se tem mais controlo sobre a impressão que se cria quando se enviam as candidaturas por correio normal (ou possivelmente por correio prioritário). Afinal, todos os "pacotes" de candidatura acabam por ser impressos e empilhados juntos. Os documentos enviados por fax não irão ter tão bom aspecto como os que foram enviados por correio ou entregues pessoalmente. Os candidatos que enviam os seus documentos por fax ficam dependentes da qualidade da máquina de fax, do nível do *toner* e da qualidade do papel na máquina (geralmente papel de fotocópia de baixa qualidade). Talvez ninguém tenha notado que as últimas páginas não foram impressas. Isto pode significar que falta alguma da informação mais importante da sua candidatura. As páginas baralham-se mais facilmente e é frequente a tinta fazer borrões. Se tiver de enviar os seus documentos por fax de forma a garantir que cumpre o prazo, envie um segundo "pacote" de candidatura por métodos tradicionais. Na sua carta de apresentação mencione que já mandou por fax uma cópia dos documentos agora enviados para poder cumprir o prazo e que gostaria que essa cópia fosse substituída pelos documentos recebidos naquele momento. A maioria dos empregadores não se vai importar de fazer a substituição.

Da mesma forma, a impressão de uma candidatura por *e-mail* pode estar incompleta ou mal formatada. Com um "pacote" de candidatura impresso por si consegue controlar melhor a primeira impressão da pessoa que lê as candidaturas, mas certifique-se de que considerou as preferências do empregador. Por vezes, um empregador está tão habituado a comunicar por *e-mail* que já não se sente confortável com papel. É este frequentemente o caso de gestores de empresas de alta tecnologia ou pode ser a preferência de gestores mais novos, que cresceram com o *e-mail*. (Esperemos que o anúncio do emprego clarifique a opção indicando um endereço ou outro). Se pensa que é preferível uma candidatura por *e-mail*, dê-lhe o mesmo cuidado que daria a uma carta de apresentação. Claro que o tom de um *e-mail* costuma ser menos formal, mas passe algum tempo a redigir uma mensagem interessante e simpática. Escreva a mensagem *off-line* e edite-a cuidadosamente antes de a enviar. Seja igualmente cuidadoso com a gramática e com a ortografia. (Mais uma vez, pode ser benéfico que a candidatura por *e-mail* seja seguida de um "pacote" impresso).

Quando se imprime uma carta de apresentação ou um currículo que tenham sido enviados por *e-mail*, estes ficam com um aspecto muito menos profissional do que os documentos bem formatados que o seu processador de texto produz. Para evitar este problema, alguns candidatos enviam anexos com a sua mensagem de *e-mail*, incluindo um currículo em formato Word. O problema com esta estratégia é que muitos com grandes conhecimentos informáticos se recusam a abrir anexos, principalmente documentos Word, a não ser que conheçam pessoalmente o remetente, pois muitas vezes os vírus espalham-se desta forma. Como tal, existe uma probabilidade elevada de o seu anexo nunca ser aberto. Mais uma vez, pode ter de usar a opção de *e-mail* se o tempo for curto, mas avise quem o vai abrir que brevemente irá chegar pelo correio um "pacote" com os materiais impressos. Desta forma, ele ou ela tem a opção de esperar pelo "pacote" do correio, mas tecnicamente o prazo foi cumprido.

Em resumo

No capítulo anterior esforçou-se para descobrir que empregos poderiam de facto mudar e melhorar a sua vida. Munido de informação de qualidade sobre estas vagas de emprego, criou um "pacote" de candidatura com boas hipóteses de convencer os empregadores de que é o melhor candidato para o cargo. No entanto, ainda não discutimos uma das partes mais importantes desse "pacote": o seu currículo. O seu currículo pode melhorar ou acabar com as suas hipóteses. Pode apresentar a imagem de um "velhote" que já fez de tudo menos o trabalho certo ou pode salientar exactamente a experiência necessária para este emprego em particular. Os mesmos candidatos podem alterar completamente a impressão que criaram em potenciais empregadores, sem terem de distorcer as suas qualificações. Por esta razão, o capítulo seguinte é inteiramente dedicado à procura desse currículo perfeito.

Capítulo 7

Corrigir e revitalizar o seu currículo

SE O LEITOR FOR COMO MUITOS, tem um currículo profissional guardado algures no seu computador. Cada vez que se candidata a um emprego, vai procurá-lo e actualiza-o. Actualizar na realidade significa "adicionar". Sempre que foi promovido, se associou a uma outra empresa ou recebeu um prémio, a informação foi adicionada ao seu currículo. Com o tempo, este foi ficando cada vez mais longo. Agora chegou a altura de cortar e recortar. Para usar um cliché, o que precisa agora é de um currículo pronto para trabalhar.

Descrever a sua experiência

Como está cansado do seu velho emprego e à procura de um que seja mais satisfatório e agradável, o seu currículo actual provavelmente está orientado na direcção errada. Está orientado na direcção de um emprego que já não tem qualquer interesse para si. Provavelmente já teve uma série de cargos que progrediram gradualmente para salários mais elevados e para designações mais impressionantes. Quando olha para o seu currículo, vê uma carreira repleta de trabalho difícil e êxitos, mas um potencial empregador pode dar-lhe uma olhadela e ouvir alarmes a disparar. Não parece fazer sentido. Quem faz as contratações pensa no seu próprio currículo e nos apresentados pelos outros candidatos contratados para empregos semelhantes. O seu não se integra nesse grupo. É muito diferente.

Organizar o seu currículo

Está prestes a mudar tanto a direcção da sua vida como a da sua carreira, portanto o seu currículo também tem de mudar. Quando os candidatos mais velhos estão dispostos a aceitar empregos com salários mais baixos e com um estatuto menor do que o emprego anterior, os empregadores supõem que eles não têm outra escolha. Tem de haver algum problema escondido. Há alguns anos, a minha própria designação incluía a palavra "administradora". Quando foi criado um cargo novo e interessante dentro da minha própria organização, candidatei-me a ele e consegui o lugar. Porém, embora a mudança tenha melhorado a qualidade da minha vida profissional, privou-me dessa palavra mágica: "administradora". A procura pelo meu emprego seguinte foi a mais difícil de toda a minha carreira. Cada vez que me candidatava a um emprego, o entrevistador descobria esta irregularidade. Todos me faziam perguntas sobre ela e eu conseguia perceber que todos, lá no fundo, acreditavam que eu tinha sido convidada a renunciar ao cargo. Embora houvesse uma explicação perfeitamente razoável (e o meu chefe estivesse mais do que disposto a confirmá-la quando lhe ligassem a pedir referências) fui rejeitada em mais empregos do que os que consigo contar.

O que aprendi com esta experiência é que um empregador procura um padrão de crescimento e desenvolvimento graduais. Aprendi que existem maneiras de se alterar subtilmente o impacto de um currículo, sem deixar de se ser verdadeiro. O segredo está em fazer escolhas sensatas sobre o que incluir e o que deixar de fora.

Qual é a experiência a incluir?

Primeiro, pense que experiências quer incluir. Alguém com 40 anos geralmente tem menos de 20 de experiência. Idealmente, um profissional permanece no mesmo emprego durante três a cinco anos; portanto, um candidato de 40 anos pode indicar talvez quatro ou cinco cargos na secção "experiência profissional". Logo, o seu currículo deve incluir mais ou menos o mesmo número.

Alguns consultores de recursos humanos e orientação profissional recomendam aos candidatos mais velhos que deixem as datas completamente de fora. Esta estratégia permite-lhes uma maior flexibilidade, mas tenho verificado que os empregadores procuram as datas como um indicador de estabilidade. Interrogam-se se o candidato andou a saltar de emprego em emprego ou se esteve desempregado entre alguns. Se as suas datas deixam bem claro que esteve sempre empregado, talvez seja boa ideia incluí-las na sua secção de experiência profissional. Em vez de omitir as datas, indique os últimos 15 anos de experiência e depois pare.

No entanto, isto significa que vai ter de deixar de fora as datas dos seus graus académicos, porque de outra forma iria criar uma lacuna por explicar. Da mesma forma, se o trabalho mais antigo que constar da lista tiver uma designação impressionante, provavelmente não vai conseguir enganar ninguém. Lembre-se que o empregador está à procura de um padrão de progresso gradual e um jovem de 25 anos a iniciar a sua carreira com uma designação como "director distrital" desafia toda e qualquer credibilidade. Esta estratégia só funciona se a designação e as responsabilidades enumeradas para as funções mais antigas puderem, sem falsidade, ser mencionadas de forma menos impressionante.

Escolher um formato de currículo que funcione para si

Para alguém que tenha tido o mesmo emprego nos últimos 20 anos, o currículo pode também apresentar problemas. Este fá-lo parecer qualificado apenas para um tipo de trabalho ou as experiências anteriores, que podem fazê-lo parecer mais qualificado, chamam a atenção para a sua idade. Neste caso, deixar as datas de fora inteiramente pode ser uma opção aceitável. Uma escolha ainda melhor pode ser indicar as promoções quase como se fossem empregos separados. Esta estratégia não só estabelece o padrão que o empregador procura, como também lhe dá a oportunidade de enumerar as diferentes competências e responsabilidades de cada promoção.

Porém, suponha que os seus cargos mais recentes o fazem parecer demasiado qualificado para o emprego e/ou que os anteriores contêm experiência mais relevante. Em vez de começar no início da primeira página com o seu emprego mais recente, tente criar uma secção intitulada "Selecção de Sucessos". Faça a sua própria lista com todas as experiências e competências de que se lembre e depois seleccione e escolha as que forem mais relevantes para o emprego que tem em vista. Concentre-se não na designação específica do emprego ou nas datas, mas sim naquilo que é claramente transferível para o novo cargo. Dê a esta secção a posição mais proeminente da página. Lembre-se que não é provável que os empregadores leiam mais do que a primeira página do seu currículo para se decidirem quanto à entrevista. Portanto, posicione as suas qualificações mais positivas no topo desta página. Considere criar diversos currículos (um para cada tipo de cargo que esteja a considerar), alterando esta secção de forma a salientar as suas qualificações mais importantes.

Idade: evitar ou não evitar

Os candidatos mais velhos por vezes sentem-se um pouco desconfortáveis com as hesitações relativamente à sua idade numa candidatura. Afinal, se forem chamados para uma entrevista, o empregador vai acabar por descobrir a sua idade. Segundo a minha própria experiência, os gestores mais novos têm ideias muito confusas sobre a idade. Como pode já saber devido a experiências difíceis e, provavelmente, da boca dos seus próprios filhos, as pessoas de 50 anos são por vezes consideradas como ultrapassadas e as de 60 são vistas como antiguidades. Claro que a sua idade vai ser óbvia quando for entrevistado. No entanto, apesar dos seus cabelos brancos, ainda consegue projectar uma imagem de saúde e vitalidade quando se encontra frente a frente com um empregador. Isto é muito diferente da imagem de decrepitude que um currículo demasiado honesto pode criar.

Ver-se a si mesmo com os olhos do empregador

A idade e o excesso de experiência não são as únicas pistas que destacam um currículo de um candidato mais velho. Hoje em dia não é invulgar as pessoas de meia-idade e mais velhas reformarem-se, passarem um ano ou dois a decidir o que querem fazer da sua vida e depois entrarem novamente no mercado de trabalho. Mais uma vez, este é um padrão a que os supervisores mais novos não estão habituados. Estar sem trabalho durante um ano é considerado um mau sinal. "O que se passa de errado com este candidato que foi incapaz de arranjar um emprego durante tanto tempo?" Claro que pode esclarecer este ponto no seu currículo e na carta que o acompanha, mas, numa sociedade tão consciente da idade como a nossa, o que para si foi um período de reflexão pode ser visto negativamente como tendo estado desempregado.

De certa forma, a finalidade do currículo é conseguir-lhe uma entrevista. Uma vez ultrapassada esta fase inicial, quando conseguir falar com um entrevistador vai ter oportunidade de explicar a sua situação. Embora, como iremos ver no capítulo sobre entrevistas (Capítulo 11), ainda precise de ter cuidado com o que vai dizer de forma a ter uma oportunidade muito melhor de se apresentar numa luz positiva. Para já, o que não quer é que o seu currículo o derrote antes de ter tido uma oportunidade de se lançar ao ataque. Então, como pode dar a impressão de ter estado empregado, se recentemente não tem estado a trabalhar?

Arrumar a sua história profissional

Como já salientei, este é um livro que defende tácticas de "guerrilha", mas as estratégias recomendadas não incluem nem mentir nem deturpar. Quando estiver a apresentar a sua experiência profissional mais recente, pode considerar indicar o ano mas não o mês. Isto pode cobrir um período de desemprego de até um ano e meio. Além disso, é provável que ao longo dos anos tenha desenvolvido passatempos ou que tenha ganho dinheiro por trabalhos feitos fora do seu emprego normal. Se tem um pequeno negócio em casa pode, obviamente, indicá-lo como um emprego. Os negócios de sucesso tornaram-se tão comuns que os empregadores já não os encaram da forma suspeita com que os encaravam anteriormente. Os computadores, as máquinas de fax e os programas informáticos de edição conseguem transmitir a imagem de uma empresa comercial completamente profissionalizada. Se escolher esta estratégia é melhor não utilizar o termo "auto-emprego". Em vez disso, indique o nome do seu negócio e a si próprio como o seu proprietário.

Uma outra estratégia vulgarmente utilizada é indicar a designação do emprego durante o período em questão como "consultor". Os colaboradores seniores são frequentemente solicitados a regressar aos seus locais de trabalho depois de se reformarem, de forma a partilharem os seus conhecimentos ou auxiliarem numa crise (mais uma razão para manter boas relações com o chefe). A isto tanto pode chamar um trabalho a tempo parcial como consultor. Os executivos desempregados têm-se classificado a si mesmos como consultores, meramente porque estavam disponíveis para consultoria se alguém os quisesse contratar. Por isso, a consultoria tende a ter um sentido pejorativo junto de certos empregadores. Portanto, talvez prefira apresentar-se como consultor de uma empresa específica.

Ocasionalmente, alguns candidatos cobrem um período de desemprego com o termo vago de "escritor". Mais uma vez, como isto pode ser um pouco suspeito, clarifique o que escreve. Um engenheiro petrolífero que esteja sob contrato para escrever um manual técnico sobre a sua área de competência consegue dar uma imagem impressionante. Alguém que esteja a escrever a sua autobiografia ou a história da família, sem publicação à vista, é claramente suspeito. Se está a pensar apresentar-se como um escritor, assegure-se de que essa afirmação soa credível e que pode indicar algumas publicações.

Uma estratégia comum e de grande sucesso é indicar um trabalho voluntário junto de uma organização não governamental e que lhe atribua um título de acordo com a sua responsabilidade. Estas organizações precisam de toda a ajuda que conseguem obter e, tornando-se voluntário, pode enriquecer o seu currículo ao mesmo tempo que ajuda o mundo a tornar-se melhor. Esta é uma estratégia particularmente positiva se oferecer os seus serviços a uma organização no ramo da nova carreira que acabou de escolher. Mais uma vez, um título diferente de "voluntário" pode ajudar. Aproveite a oportunidade para aprender a linguagem ou o jargão desta área, de forma a que a descrição dos seus deveres o faça parecer como se fosse já um especialista na matéria. Outra opção é criar para si mesmo uma posição de "estagiário" sem remuneração numa organização comercial. Mais uma vez, a maioria fica encantada por ter ajuda grátis e não se importará de criar consigo uma designação e responsabilidades.

Se tirou pelo menos um curso numa escola de formação local durante este período em questão, pode apresentar-se como estudante. De facto, nunca é tarde de mais. Pode matricular-se num curso relacionado com uma carreira. Se tiver tirado um curso académico relevante, vai sempre tornar-se um candidato mais atractivo. Redigido cuidadosamente, o seu currículo pode mostrar que não está desempregado, mas sim a trabalhar activamente para alcançar o seu objectivo.

As mulheres e o mercado de trabalho

Embora a maioria dos homens e das mulheres da geração agora na meia-idade tenha demasiada experiência, pode parecer que algumas mulheres têm muito pouca. Os seus currículos estão cheios de lacunas e de empregos ocasionais pouco impressionantes. Por exemplo, podem despedir-se de um emprego em Junho, quando as férias de Verão dos filhos começam, ou depois de terem feito o último pagamento ao dentista. Algumas mulheres abandonam o trabalho durante vários anos, enquanto os filhos são pequenos e novamente quando os pais idosos precisam de cuidados. Se conseguir rever-se nesta descrição, pegue no seu currículo e olhe para ele como um empregador olharia. Lembre-se que o empregador quer ver um padrão de estabilidade e o que parecem ser escolhas razoáveis de emprego. As sugestões que se seguem pretendem criar esta impressão. Talvez queira experimentar com uma ou mais, mas assegure-se de que o currículo que produz é honesto. A informação pode ser apresentada de maneiras diferentes e alguma pode ser inteiramente omitida. No entanto, não pode ser fabricada.

Retire todos os empregos que duraram menos de um ano. A não ser que sejam particularmente relevantes para o cargo ao qual está a concorrer, os trabalhos de curto prazo que dão a impressão que se salta de emprego em emprego não jogam a seu favor. Com quantos empregos fica?

Retire as datas dos empregos. Como os empregadores preferem ter as datas, não tome esta decisão de ânimo leve. Retirar as datas cria a impressão de estabilidade e de progressão no emprego ou faz disparar campainhas de alarme?

Retire os empregos mais antigos. Mantenha cerca de 15 anos de experiência recente. Combinar estas duas últimas estratégias pode criar um padrão consistente de realizações constantes.

Coloque uma secção de "Competências" no topo da primeira página. Analise tanto as suas ocupações assalariadas como as de voluntariado para identificar as competências específicas que lhe irão ser úteis no novo emprego. Experimente descrever cada uma delas como uma competência passível de transferência. Teve muito tempo para adquirir competências; vai surpreender-se com a quantidade que consegue identificar. Pode seleccionar competências diferentes da sua lista para as diferentes vagas de emprego a que se candidata.

Classifique as suas experiências profissionais. Junte as experiências semelhantes sob um único cabeçalho. Isto permite-lhe colocar os seus empregos mais importantes e de maior responsabilidade no topo da lista. Por exemplo, pode chamar ao primeiro grupo "Posições de Supervisão" ou qualquer outro título mais estreitamente relacionado com a posição à qual está a candidatar-se.

Se conseguir colocar os seus cargos mais impressionantes no topo da lista, adicione um pequeno parágrafo descrevendo cada um deles. Lembre-se que a primeira página do seu currículo é a mais importante. Se conseguir captar a atenção do empregador com a primeira página, pode ter conseguido uma entrevista, mesmo que a página seguinte não seja tão impressionante.

Descrever a sua educação

Quando as pessoas de meia-idade chegam à secção das "Habilitações Académicas" dos seus currículos, têm uma grande vantagem sobre os seus colegas mais novos:

tiveram tempo para muitas experiências educacionais diferentes, incluindo a educação superior tradicional, *workshops*, seminários, cursos individuais e programas de formação. Talvez nunca tenha pensado que algumas destas oportunidades fossem suficientemente relevantes para ser indicadas no seu currículo, mas pense melhor. Anote toda e qualquer experiência de educação de que se lembre. Obviamente este longo "testamento" não é a forma como se quer apresentar, mas dá-lhe a oportunidade de seleccionar. Este é um luxo que os candidatos mais novos simplesmente não têm. Certamente irá incluir os seus graus académicos e licenças profissionais. Contudo, as outras experiências educacionais que escolher devem parecer relevantes para o tipo de emprego ao qual se está a candidatar.

Esqueça as datas

Apesar de não ser aconselhável deixar de fora as datas da sua história profissional, esteja à vontade para o fazer nesta secção de "Habilitações Académicas". Esta é uma prática comum e é pouco provável que alguém note. Porém, se algumas destas experiências tiverem acontecido nestes últimos anos, pode querer destacá-las. Se, por exemplo, tiver tirado alguns cursos de informática, vai querer assegurar-se de que os empregadores o sabem. Como não pode realmente incluir as datas para algumas experiências e não para outras, terá de conseguir uma maneira de chamar a atenção para elas. Uma opção é um pequeno parágrafo descrevendo-as. Pode dizer: "No ano passado tive a oportunidade de frequentar um excelente *workshop* de informática. Os temas abordados incluíram..." Se quiser ser lírico sobre uma determinada experiência, certifique-se de que esta soa razoavelmente impressionante. (Se está a ter aulas de introdução ao processador de texto, talvez prefira referir-se a elas como "curso de informática" em vez de o especificar).

Outras partes do seu currículo

Enquanto os títulos "Experiência Profissional" e "Habilitações Académicas" têm de ser incluídos em todos os currículos, a maioria do resto da informação que vai incluir depende de si. A partir deste ponto, não tem de pôr mais nada no seu currículo que não o faça parecer bem. Eis alguns dos títulos vulgarmente mais utilizados:

Objectivos de Carreira
Competências Profissionais
Conferências Assistidas
Apresentações
Exposições
Publicações
Competências Especiais
Competências Linguísticas
Competências Informáticas
Qualificações de Destaque
Perfil Pessoal
Experiência de Voluntariado
Formação Contínua
Sucessos
Pontos Altos da Carreira
Associações
Afiliações
Prémios
Actividades Extracurriculares
Honras e Distinções
Interesses Actuais de Investigação
Referências
Honras
Afiliações Profissionais
Interesses
Passatempos

Porque não agarrar em cada um destes títulos e fazer uma lista de tudo o que pode incluir sob cada um deles? Quais o fazem aproximar-se mais do candidato perfeito para o emprego que quer? Como já salientámos anteriormente, tem de ser sucinto. O seu currículo provavelmente não deve exceder duas páginas, a não ser que esteja numa profissão em que são comuns currículos longos. Depois de ter eliminado os grupos que não destacam as suas realizações, o que resta? Quais descrevem melhor os seus pontos fortes?

Se está a mudar de ocupação, talvez queira inserir uma categoria como "Competências Profissionais" acima da sua experiência profissional. Isto permite-lhe destacar as responsabilidades mais relevantes dos empregos que teve e salientá-las nesta secção à parte. O título "Perfil Pessoal" é outro que lhe permite posicionar os seus pontos mais positivos no topo da primeira página. Da mesma forma "Sucessos" pode dar uma imagem mais positiva.

Agora, que outras subdivisões deve incluir? Lembre-se que existe uma diferença entre vangloriar-se e "vender-se". Pode ter recebido muitas honras e louvores ao longo da sua carreira, mas são realmente todas relevantes para o emprego ao qual se está a candidatar? Iriam destacá-lo em relação aos outros candidatos? Iriam fazê-lo parecer demasiado qualificado? Vai ter de se habituar a deixar de fora algumas das suas qualificações mais impressionantes. Uma amiga minha tem um doutoramento de uma universidade muito prestigiada. Ela teve de aprender que existem alturas em que incluir este grau universitário é apropriado, mas há outras em que é melhor deixá-lo de fora.

Devido à crença disseminada de que as pessoas de meia-idade têm poucas competências informáticas, pode querer incluir uma secção com esse título. No entanto, certifique-se de que pode indicar suficientes competências relevantes para que esta secção o possa realmente "vender". Se tudo o que puder incluir for Windows, processamento de texto e *e-mail*, é melhor deixá-la de fora e inscrever-se em alguns cursos de computador (tais como *Web design*, sistemas de informação comercial ou redes sem fios).

Depois decida como dividir o espaço nessa primeira página extremamente importante do seu currículo. A experiência profissional tem de constar da primeira página, porque esta é a secção que um empregador vê primeiro. A secção "Habilitações Académicas" é exigida, mas pode provavelmente ir para qualquer posição, a não ser que o emprego exija um grau académico específico ou que se esteja a candidatar a um posto académico. Portanto, para além da história profissional exigida, o que vai incluir na primeira página? Se está a mudar de ocupação, é uma boa ideia saber mais sobre aqueles que têm êxito neste campo novo para si. Observe bem os seus boletins e outras publicações para ter uma imagem dos gestores de sucesso – por outras palavras, o género de pessoas que provavelmente o irão entrevistar. (Se escrever o nome da ocupação e a palavra "boletim" num motor de busca, este vai gerar uma lista das publicações *on-line*. Se tiver amigos neste ramo, talvez eles recebam as revistas da profissão e possam emprestar-lhas, e também é provável que a sua biblioteca local tenha publicações específicas para algumas profissões).

O que têm em comum?

Mais uma vez, os gestores tendem a contratar pessoas semelhantes a eles mesmos. Podem até estar mais favoravelmente inclinados para si, se se licenciaram na mesma universidade ou se nasceram na mesma cidade. Claro que provavelmente não dispõe desta informação pessoal, mas o que poderia interessar aos homens e mulheres naquela posição? Que tipo de sucessos os poderiam impressionar?

Anteriormente neste livro, debatemos testes como o "Inventário de Interesses Fortes", que exploram o nível de semelhança dos seus interesses com os das pessoas que trabalham em várias ocupações. Existem sinais impressionantes de que pessoas com certos tipos de personalidade fazem opções profissionais semelhantes. Isto é verdade tanto para os executivos de topo como para os colaboradores de nível mais baixo. É provável que tenham sido atraídos para os seus empregos pelas mesmas razões. Portanto, existe uma probabilidade maior de ser feliz num emprego se tiver muitas coisas em comum com os seus colegas. Isto significa que, mesmo que não tenha escolhido esta profissão quando era mais novo, está interessado em muitas das mesmas coisas. As suas competências e mesmo as suas actividades recreativas podem ser muito semelhantes às deles. Se, por outro lado, souber que é muito diferente das pessoas que trabalham numa determinada área, talvez este trabalho não seja para si. É óbvio que as pessoas escolhem as suas carreiras por muitas razões, mas se todos esses sucessos e todas essas afiliações que indicou forem diferentes daquelas que têm aqueles que são felizes e produtivos a trabalhar na ocupação que escolheu, então talvez este trabalho não seja o mais adequado para si.

Retoques finais

Depois de ter decidido qual o conteúdo do seu currículo, a pergunta seguinte é: "Que aspecto deveria ter?" Cada vez que se candidatar a um emprego diferente, vai adaptar a sua carta de apresentação à posição em particular, mas vai ter de incluir o seu currículo uniformizado. Todos os documentos do seu "pacote" de candidatura são importantes, mas nenhum é mais do que o seu currículo. Devido à sua composição esquemática e livre de palavreado que distraia, é fácil para um empregador ou escrutinador rever rapidamente uma série de currículos, procurando as qualificações-chave. Se uma determinada qualificação está indicada num anúncio ou descrição de emprego, o seu currículo tem de deixar bem evidente que a tem. Para limitar o seu currículo a um tamanho viável, teve de deixar de fora muitas qualificações e experiências. Algumas delas podem ser relevantes para um determinado emprego, portanto tem de ter a liberdade de poder fazer alguns ajustes. Portanto, se escrever o seu próprio currículo vai ser capaz de fazer as alterações que quiser quando delas necessitar.

Consulte na sua biblioteca local um livro sobre carreiras que inclua amostras de currículos e observe cuidadosamente os diferentes formatos. Escolha um dos mais simples (por outras palavras, um que não necessite de muita formatação ou de outros toques profissionais). Escolha um formato limpo e bem estruturado. Todos os currículos necessitam de alguma formatação especial. Vai querer compor a informação em blocos ordenados, portanto o espaçamento exacto torna-se importante.

Infelizmente, os programas de processamento de texto não são tão sofisticados como gostaríamos que fossem e tendem a não corresponder às expectativas quando desejamos uma formatação cuidada. Uma coluna de informação que estava perfeitamente alinhada na última vez que se imprimiu a página de repente desvia-se para a direita ou para a esquerda. Fazer pequenas alterações pode fazer com que alguma informação se desalinhe misteriosamente e até a adição de uma palavra ou duas pode levar o programa a criar uma página nova e indesejada. Por esta razão, sempre que recopiar o seu currículo tem de o verificar cuidadosamente, assegurando-se de que todas as secções estão intactas.

Escolher o papel

Como verificar o seu currículo sempre que o imprime é uma tarefa aborrecida, alguns candidatos decidem fotocopiar algumas cópias extras de cada vez que o alteram. Se utilizar uma fotocopiadora de boa qualidade, que não esteja quase sem *toner* ou que não seja dada a deixar manchas e riscos, isto pode ser uma boa ideia. Contudo, o papel normal de fotocópia não é apropriado para um currículo. A maioria dos locais onde se tiram fotocópias permitem-lhe usar o seu próprio papel ou então vendem-lhe algum de melhor qualidade para esse fim. O papel comercial transmite uma imagem profissional, portanto é uma boa ideia encomendar o seu papel numa empresa de materiais de escritório que tenha uma boa linha de papelaria. Os executivos de empresas dizem-me que tanto a fotocópia demasiado informal como o currículo demasiado elegante e impresso no tipo de papel que se usa para convites de casamento atraem atenção negativa. Está a apresentar-se como uma pessoa profissional, portanto os seus documentos escritos têm de ser consistentes com essa imagem. Papel branco, creme e cinzento-claro são todos aceitáveis.

Como está a apresentar uma imagem profissional, tenha cuidado com os tipos de letra mais imaginativos. O Times New Roman é uma escolha frequente (lembre-se: texto preto – nada de castanhos ou azuis-escuros artísticos). O Garamond dá um toque de elegância sem exagerar, mas não é uma aposta segura para currículos *on-line* ou enviados por *e-mail*, pois este tipo de letra não está disponível em todos os computadores. Por outro lado, alguns preferem a simplicidade de um tipo moderno, *sans-serif*, como o Arial. Quanto aos outros 487 tipos de letra que vêm com o seu processador de texto, o melhor é usá-los para anúncios de "Venda de Garagem" ou para cartões de aniversário personalizados. Tal como mencionado no último capítulo, é uma boa ideia coordenar a sua carta de apresentação com o currículo, usando o mesmo papel e o mesmo tipo de letra.

Juntar tudo

O seu currículo deve agora apresentar uma imagem de si que, essencialmente, diz: "Eu sou o candidato certo para o emprego." Mostra um bom registo de êxitos e não chama atenção negativa ao incluir materiais questionáveis. Também descreve a carreira de um colaborador estável, que subiu os vários níveis, mas que planeia mudar para o emprego ao qual está a concorrer.

Soluções rápidas para um currículo com problemas

Veja bem o currículo que acabou de compor. Se ainda não tem a certeza de que este o pode "vender", a si e às suas qualificações, faça-lhe um diagnóstico rápido para se assegurar de que utilizou a maioria das técnicas de solução rápida aqui apresentadas:

Solução rápida 1:
Mantê-lo curto (não mais do que duas páginas). Centre-se nos pontos que melhor o "vendem" e nos absolutamente essenciais. Deixe o resto de fora.

Solução rápida 2:
Incluir somente os últimos 15 a 20 anos. Deixe de fora quaisquer empregos que tenham durado menos de um ano.

Solução rápida 3:
Incluir datas na história profissional, mas deixá-las de fora na secção do percurso académico. Não há necessidade de um empregador saber que se licenciou em 1965.

Solução rápida 4:
Se a sua história profissional não condiz com o emprego ao qual se está a candidatar, incluir uma secção intitulada "Competências Profissionais" junto do topo da primeira página. Como não tem de indicar os empregos específicos onde adquiriu essas competências, pode procurar em toda a sua carreira *know-how* de que se tinha esquecido.

Solução rápida 5:
Não incluir informação sobre salários. Provavelmente está a candidatar-se a um emprego com um salário mais baixo do que aquele a que está habituado e isso não é algo que queira destacar. (Mais tarde, quando lhe perguntarem sobre salários, pode provavelmente contornar o assunto centrando-se nos seus requisitos salariais actuais).

Solução rápida 6:
Indicar as suas competências, mas sem se vangloriar. Se conseguiu aumentar sozinho os lucros de uma empresa em meio milhão de dólares, não tem de guardar isso para si, mas certamente pode congratular-se pela sua equipa e mostrar alguma humildade.

Solução rápida 7:
Concentrar-se nas competências que lhe serão úteis e facilmente compreendidas na sua nova carreira. Mantenha-se longe de detalhes específicos de uma determinada indústria e evite termos que sejam pouco familiares para alguém de fora.

Solução rápida 8:
Escolher as outras secções cuidadosamente. A maioria delas é opcional, por isso seleccione as que mostram melhor os seus talentos.

Solução rápida 9:
Se o empregador tem um formulário de candidatura, trate-o com cuidado e passe algum tempo a dar-lhe bom aspecto. Nunca se sabe o que vai atrair a atenção.

Solução rápida 10:
Escrever o seu currículo num computador e lê-lo cuidadosamente. Ajuste-o para diferentes vagas de emprego. Não escreva à mão qualquer informação adicional.

Solução rápida 11:
Pedir a alguém que tenha competências de revisão para verificar o seu currículo. Certifique-se de que não tem gralhas, erros de formatação ou manchas.

E é realmente tudo o que há para saber. Se acentuou o positivo e eliminou o negativo, deve encontrar-se no bom caminho para um emprego mais satisfatório e compensador. Mas fazer um currículo ocasionalmente torna-nos conscientes de fraquezas ou de lacunas nas nossas qualificações que nunca tínhamos notado anteriormente. Pode ser uma boa altura para melhorar as suas qualificações com um *workshop,* formação profissional ou trabalho voluntário. Lembre-se apenas que esta é também uma oportunidade para parar e para se congratular por todas as experiências compensadoras que teve e por todas as competências adquiridas ao longo da sua carreira. Nunca se esqueça que tem pontos fortes que só podem ser conquistados com anos de experiência. Não se subestime.

Capítulo 8

Transforme-se no candidato ideal

JÁ TODOS OUVIMOS A HISTÓRIA DO OPTIMISTA que vê o copo meio cheio e do pessimista que o vê meio vazio. Os empregadores olham para candidatos de meia-idade um pouco da mesma maneira. Por um lado, o candidato mais velho pode muito bem ser o melhor para o emprego. Ele, ou ela, tem muita experiência e teve tempo para adquirir bom senso. De facto, um profissional de meia-idade pode trazer para o emprego uma variedade de experiências valiosas que o candidato mais novo ainda não teve tempo para adquirir. Uma pessoa de meia-idade que não esteja interessada em subir hierarquicamente na carreira pode dar mais apoio ao resto da equipa, ajudando todos os seus elementos a serem vencedores.

Estatisticamente, os quadros de meia-idade e mais velhos ficam de baixa menos vezes do que os colaboradores mais novos e é menos provável que troquem de emprego. A um nível mais pessoal, os de meia-idade andam por cá há mais tempo e sabem que uma crise não significa necessariamente o fim do mundo. Já tiveram a sua dose de situações negativas, mas também se podem recordar de tragédias que se transformaram em triunfos. Muitos supervisores verificam que trabalhar com pessoas de meia-idade tende a estabilizar o grupo, transmitindo humor e um sentido de perspectiva em situações em que outros estariam a atirar-se para o fundo.

Um olhar honesto sobre os profissionais de meia-idade

Então, por que razão os empregadores não fazem fila para contratar profissionais de meia-idade? É verdade que muitos empregadores estão sob a influência de estereótipos errados, mas vamos olhar para Martin. Martin é um homem de meia-idade que poderia ser uma verdadeira mais-valia para a sua empresa. Tem uma grande experiência; tem o que se pode chamar um "sexto sentido" para identificar problemas enquanto estes ainda são pequenos e corrigíveis. O chefe de Martin lembra-se de alturas em que ele realmente salvou a empresa, mas está relutante em contratar outro profissional de meia-idade. Na realidade, é provável que dê um suspiro de alívio quando Martin se reformar. O problema é que este deixou de se esforçar. Para começar, não só parece mais velho, como age como se fosse mais velho do que a sua idade verdadeira. Embora tenha apenas umas pequenas mazelas, anda como se estivesse à beira do seu último suspiro. Como se esquece de fazer exercício e se deixou engordar, o seu nível de energia obviamente desaparece antes do final do dia de trabalho. Os seus suspiros e gemidos podem ser ouvidos por todo o escritório e desviar as conversas da sua saúde tornou-se uma tarefa muito difícil.

Esqueça os bons velhos tempos

Se encontrarmos Martin junto da máquina do café, ele provavelmente vai dizer-nos como a empresa se está a arruinar. Claro que o que ele realmente quer dizer é que agora as coisas são diferentes do que costumavam ser, mas para Martin "diferente" quer dizer "pior". Durante os últimos anos, ninguém ouviu Martin mencionar uma única ideia para o futuro. Se lhe perguntássemos quais seriam os seus objectivos ou os objectivos da empresa para o futuro, iríamos descobrir que o que ele realmente gostaria de fazer era acabar com as mudanças. Não se deu ao trabalho de tentar perceber verdadeiramente o ambiente empresarial actual nem as verdadeiras alterações que o futuro irá trazer. Tudo isto porque Martin tem andado em "ponto morto", imaginando que o que funcionou no passado vai também funcionar no futuro.

A grande divisão do computador

Em cima da secretária de Martin está um computador, que ele diz que usa o tempo todo. Bem, talvez não o tempo todo, mas sabe como ir ver o seu *e-mail* (quer dizer, quando se lembra de o ir ver). Martin aprendeu algumas técnicas básicas, mas o computador não mudou a maneira como trabalha. Quando Martin era mais novo, sabia mais do seu emprego e da sua indústria do que a maioria dos chefes. Lia o *Wall Street Journal* e fazia comentários seguros nos *workshops* e nas conferências.

Contudo, numa era em que a informação aumentou rapidamente e se tornou um bem precioso, Martin perdeu completamente o ritmo. Outros aprenderam rapidamente quais os *sites* que fornecem a melhor cobertura das suas indústrias. Com alterações a ocorrer à velocidade da luz, não se podem dar ao luxo de perder nem mesmo uma semana de cobertura. Como é óbvio, Martin ocasionalmente tenta fazer mais com o seu computador, mas este parece que está sempre a avariar-se. Ele bem tenta e o que acontece? O computador apaga-se ou, pior ainda, fica infectado com um vírus. Então, o técnico jovem e que sabe tudo fica completamente transtornado; é mais fácil trabalhar sem computador.

Quando Martin era novo sabia que o êxito dependia da aprendizagem que se adquiria no trabalho. Sempre que percebia que tinha uma fraqueza, fazia tudo o que fosse necessário para se tornar melhor e ter mais sucesso. No entanto, a dada altura, ele deixou de aprender. Talvez o emprego já não lhe interessasse. Talvez pensasse que já sabia tudo o que havia para saber. Agora, Martin tem talvez cinco ou mesmo dez anos de atraso. Quando dá conselhos aos colegas mais novos, estes percebem facilmente que ele está a utilizar informação do passado com vocabulário também do passado. Embora bem lá no fundo exista muitas vezes uma pérola de sabedoria que seria bom que eles seguissem, é quase impossível descobri-la.

Reconhece Martin?

Tenho a certeza de que está cansado de ouvir falar de Martin. É particularmente desconfortável, porque existe um pouco de Martin em cada um de nós.

Conforme vou envelhecendo, vou tendo mais simpatia pelos Martin deste mundo. Frequentemente eles têm razão para se sentirem descontentes e é verdade que, até certo ponto, são mal interpretados e subvalorizados.

Mas, Martin é um falhado. Os anos que precedem a sua reforma serão anos infelizes e é pouco provável que venha a descobrir actividades compensadoras durante a reforma, devido aos maus hábitos que tem vindo a adquirir. Em grande medida, a felicidade depende da capacidade de se aceitar o mundo tal como ele é. O desejo de Martin de parar o mundo para o deixar sair só lhe vai trazer infelicidade. Embora voltar ocasionalmente ao passado possa ser um passatempo agradável, a vida real é ainda melhor.

Ver-se como os outros o vêem

Se Martin se decidir candidatar a um emprego novo, é fácil prever o que lhe vai acontecer. Pode pensar que é uma vítima de discriminação etária, mas sejamos honestos: por que razão iria alguém querer trabalhar com Martin? Nesta altura da sua vida, Martin está para lá de qualquer ajuda. A sua postura pessimista e os seus maus hábitos estão demasiado enraizados. Porém, a maioria precisa apenas de ser capaz de se ver como os outros a vêem. Embora uma pessoa seja como é, podem mudar-se os seus hábitos mais destrutivos e retirar-se daí enormes benefícios. Para saber que hábitos precisam de ser alterados, é importante considerar a imagem que se projecta. Afaste-se e olhe para si mesmo objectivamente, tal como os seus colegas o vêem.

As primeiras impressões

Então, qual é a sua aparência para aqueles que trabalham consigo? Vamos imaginar que veio candidatar-se a um emprego. A câmara está a gravar para que possa ver-se a si mesmo, tal como a câmara o vê. Mais tarde iremos avançar a nossa câmara imaginária para ver como os seus novos colegas o veriam a si como um colaborador novo. Como sabe, é difícil esquecer a primeira impressão e as primeiras impressões são feitas principalmente de coisas muito superficiais.

Incluem a forma como se apresenta, como anda, como sorri e como fala. Portanto, comecemos por aqui. Vamos começar com essa primeira impressão rápida.

Cumprimentos. Apresentou-se a uma secretária ou recepcionista e está a ser acompanhado até ao escritório de um entrevistador. Detesto ter de estar sempre a dizer "ele ou ela", portanto, desta vez, vamos supor que o nosso entrevistador é uma mulher. Da próxima vez será um homem. Quando entra no escritório, ela dá a volta à secretária para lhe dar um aperto de mão. O seu aperto de mão é entusiástico ou fraco? Está a sorrir calorosamente e a estabelecer contacto visual? Tem algo preparado para dizer durante estes primeiros momentos desconfortáveis, para além do "prazer em conhecê-la"?

Cuidado com a cadeira. Agora ela está a convidá-lo a sentar-se. A maioria não consegue levantar-se graciosamente e sem dificuldade de um sofá mole. Se lhe derem a escolher, opte pela cadeira mais firme e dura. Mas não faça disto um drama. Agora não é altura para mencionar a sua artrite ou as dores nas costas.

Vestuário horroroso. O que está a usar? Comprou a maioria das suas roupas de trabalho há mais de cinco anos? A Rainha Isabel II é capaz de manter o seu emprego e continuar a vestir-se como se vestia nos anos 50, mas a maioria de nós não tem essa sorte. Eu tinha um bom amigo que me disse que um dos seus objectivos era gastar o seu guarda-roupa antes de se reformar. Ele tinha gasto imenso dinheiro a comprar os fatos e os casacos e com toda a certeza não ia gastar mais dinheiro a comprar outros. Poupar dinheiro é uma coisa boa, mas isto é decididamente um exagero.

Se as suas roupas o fazem parecer diferente dos seus colegas é porque não tem acompanhado os tempos. Geralmente, quando têm 20 e 30 anos as pessoas dedicam imensa atenção ao seu guarda-roupa. Com o tempo, este torna-se menos importante. Acaba por se tornar uma das suas menores prioridades. Mas quando os seus colegas de trabalho olham para si, o seu vestuário é uma parte muito importante da sua imagem. Se for uma mulher a usar um fato de calças de malha de poliéster e todas as outras pessoas usarem roupas compradas recentemente, vai destacar-se pela negativa.

Muitos locais de trabalho tornaram-se menos formais. Olhe à sua volta. Se mais ninguém usar um vestido, uma gravata ou saltos altos, está a ser diferente e, por consequência, fora de moda. Porém, informal pode não significar aquilo que pensa. De facto, as frases *local de trabalho informal* e *sextas-feiras casuais* referem-se a estilos muito específicos e que pode desconhecer. Muitos queixam-se mesmo que é mais difícil criar uma aparência confiante e profissional quando já não se pode depender dos fatos habituais.

Conforme vamos envelhecendo, queremos mais conforto no nosso vestuário e, mais importante ainda, no nosso calçado. Tendemos a escolher cinturas de elástico, solas de borracha e fatos largos que não apertam nem reprimem. Não há necessariamente nada de errado com isto. Até certo ponto, os jovens fazem a mesma coisa. Mas, é fácil desenvolver uma aparência que faz os mais novos recordarem-se dos seus avós.

Se geralmente não se encontra a par das tendências da moda, olhe à sua volta. Observe os homens e as mulheres bem-parecidos que trabalham no seu escritório – não os jovens com o último grito da moda, mas sim os que têm 30 e 40 anos. O que usam eles para trabalhar? Numa escala de formal a informal, como classificaria o seu guarda-roupa? Seria capaz de usar um casaco ou umas calças semelhantes? Qual a largura das gravatas e das lapelas? Qual é o comprimento das saias das mulheres? Provavelmente já ouviu dizer que hoje em dia vale tudo, mas não é completamente verdade. É certo que existe muito mais variedade e, portanto, não se vê roupa quase igual. No entanto, aqueles com algum sentido de moda conseguem identificar vestuário fora de moda num ápice e fazem pressupostos sobre os que o usam.

Talvez seja útil passar algum tempo em lojas de roupa e pedir catálogos de encomenda de roupa pelo correio. Tanto as lojas como as empresas de catálogos comercializam os seus produtos para grupos específicos de clientes, portanto certifique-se de que o seu cliente-alvo é o profissional e não o jovem de 17 anos. Depois de ter acumulado uma colecção de catálogos, ou depois de ter visitado o centro comercial local, analise as diferentes peças de roupa.

Há pouco mencionei lapelas, altura das saias e largura das gravatas. E as cores? Nada consegue datar mais uma peça de roupa do que uma cor que toda a gente usava há cinco anos. E as pregas e os punhos? As calças são justas ou largas? As mangas das senhoras são de balão nos ombros ou são cortadas a direito?

Penteados fora de moda. Mas vamos regressar à imagem que projecta e à forma como ela é interpretada pela entrevistadora. Há quanto tempo usa o mesmo penteado? Uma outra forma de abordar esta questão é perguntar-lhe a idade do seu barbeiro ou cabeleireiro. Os penteados identificam a idade tanto quanto a roupa. Se for uma mulher e ainda tiver um dos penteados volumosos que se usavam na década de 1970, está fora de moda. Se o seu barbeiro for mais velho e se lhe andar a cortar o cabelo da mesma maneira há 20 anos, então está pronto para uma mudança.

Admitindo que o seu penteado está fora de moda, como o vai alterar sem se tornar ridículo? Afinal, provavelmente deixou o seu penteado assim durante todos estes anos porque, depois de uma série de experiências embaraçosas, finalmente encontrou um penteado que lhe ficava bem. Se for homem, este não é um problema muito grave. Peça a uma pessoa mais nova (mas não a um adolescente) que lhe recomende um cabeleireiro e peça um penteado contemporâneo mas conservador. Repare que não utilizei a palavra "barbeiro". Embora existam barbearias que mudaram com os tempos, a maioria não mudou e, portanto, é capaz de estar mais seguro confiando o seu cabelo a um estabelecimento unissexo.

No entanto, se for mulher, esta tarefa parece-me mais difícil. Provavelmente também necessita de um cabeleireiro mais jovem, mas a maioria das mulheres jovens hoje em dia usa os cabelos compridos. Estes penteados não favorecem muito as mulheres mais velhas. Primeiro tem de escolher um penteado mais curto e moderno, possivelmente numa revista. Felizmente, os penteados de hoje são bem mais fáceis de controlar do que antigamente e lavar e secar o cabelo pode ser tudo o que precisa para manter o seu penteado apresentável.

Verifique a balança. A sociedade contemporânea não tem apenas consciência do peso, talvez se possa mesmo dizer que tem uma obsessão pelo peso. De facto, são muitos os preconceitos em relação a pessoas obesas. Os empregadores podem não falar disso com frequência, mas existem alguns pressupostos desagradáveis em que pensam quando conhecem alguém com muito peso. A maioria destes preconceitos (como pressupor que uma pessoa com peso a mais é lenta ou preguiçosa) não se baseia em factos. Contudo, quando vêem alguém gordo a subir sem fôlego um lanço de escadas, podem razoavelmente pressupor que os seus níveis de energia não se podem comparar com os de alguém mais magro.

Quer os preconceitos sejam fundados em factos ou não, existem muitos indícios de que aqueles com peso a mais têm maior dificuldade em ser contratados e promovidos do que outros mais magros. Muitos estudos confirmam que a aparência é importante e o peso é a apreciação mais importante quando se avalia o nível de beleza. Quando envelhecemos, torna-se mais difícil perder peso. Só para muito poucos isso continua a ser possível. De facto, se controlarmos o nosso peso, reduzimos os riscos de doenças cardíacas, de tromboses e de muitas outras condições debilitantes. Isto quer dizer que vale bem a pena fazer um esforço. Há mais de 60 anos a seguradora Metropolitan Life Insurance Company introduziu as suas tabelas padrão de altura/peso para homens e mulheres. Em 1983, as tabelas foram revistas com base em novos conhecimentos médicos. É fácil encontrá-las *on-line* (vá a Halls Health Calculators and Charts [*www.halls.md/ideal-weight/met.htm*] ou a Blue Cross [*www.bcbst.com/MPManual/HW.htm*]) ou peça ao seu médico que lhe indique qual o peso ideal que deve tentar alcançar.

Não exagere

Para além destas alterações básicas, que outros esforços deve fazer para parecer mais novo? Deve pintar o cabelo? Deve usar mais maquilhagem ou investir em cirurgia cosmética? Os consultores de orientação profissional divergem nestes pontos. Contudo, de uma maneira geral, deve adoptar uma política de moderação em relação a qualquer alteração que faça na sua aparência. Por exemplo, pintar de preto os seus cabelos brancos pode dar-lhe um ar pouco natural, que o fará parecer mais velho e não mais novo. No entanto, um tom de castanho-claro pode até quase nem se notar.

Enquanto estou a escrever, estou a lembrar-me de uma mulher de 70 anos que continua a pintar o cabelo de vermelho. Na realidade, resulta mais num tom muito feio de laranja com raízes brancas, o que lhe dá um ar um pouco cómico. Por outro lado, conheci a famosa actriz Greer Garson quando ela estava nos seus 80 anos. Era evidente que a famosa ruiva pintava o seu cabelo, mas era de uma cor linda e suave, quase um tom alperce, que fazia jus à sua cara enrugada mas ainda bonita. Era óbvio que Greer não dependia das tintas para o cabelo de pintar em casa, compradas numa qualquer loja local. Isto fez-me perceber que pintar o cabelo é um compromisso dispendioso e contínuo e, se não tiver dinheiro para o fazer profissionalmente, talvez seja melhor manter o cabelo branco mas brilhante e bem tratado.

As mulheres também se questionam sobre a maquilhagem. Parece-me que alguma maquilhagem é essencial e as bases modernas conseguem fazer milagres com as rugas. Porém, maquilhagem pesada nos olhos tende a fazer com que as mulheres se assemelhem a uma *madame* idosa ou a uma bruxa.

Depois da primeira impressão

Vamos agora imaginar que passou no seu teste da "primeira impressão" com sucesso e que está a conversar com a entrevistadora. Lembre-se: a nossa câmara continua a gravar, portanto vamos poder observar o seu papel na conversa.

A maior parte da conversa é feita por si? Mau sinal! Nesta situação, como em muitas outras, ouvir é melhor do que falar. Claro que um potencial empregador quer conhecer a sua experiência, mas não de uma forma interminável. O que ela quer saber é se vai conseguir enquadrar-se na empresa. Se não fizer perguntas pertinentes e ouvir cuidadosamente as respostas, não vai perceber o que ela procura. Vai fazer suposições sobre o que pensa que ela quer e pode estar completamente enganado. Lembre-se que não tem de descrever todas as experiências profissionais que já teve. Os mais novos não têm uma lista semelhante e é com eles que está a concorrer. Falar de mais pode tornar demasiado evidente que já anda por aqui há muito, muito tempo.

A sua imagem no emprego

Vamos fazer avançar a nossa câmara para o seu primeiro dia no emprego. Vamos presumir que conseguiu ser aprovado pela entrevistadora e que está agora à experiência.

Alguns candidatos a emprego tornaram-se peritos no processo de entrevista. Têm vestuário especial e até personalidades específicas para as entrevistas. Por outras palavras, aprenderam exactamente como se comportar numa entrevista. Mas quem levam consigo para o trabalho é alguém completamente diferente. Depois de terem lutado e conseguido o emprego, a pressão desapareceu. A roupa das entrevistas voltou para o armário e de lá saiu o mesmo colaborador desencantado e mal vestido que fugiu do emprego anterior.

Os computadores não são decoração

Por exemplo, o que vai fazer com o computador que tem em cima da sua secretária nova? Se for inteligente, veio preparado para este momento. Tem andado a praticar as suas técnicas de informática, tendo mesmo frequentado algumas aulas nocturnas numa escola de formação local. Não existe melhor passaporte para uma carreira compensadora do que uma lista de competências informáticas – não me estou a referir a conseguir ler o seu *e-mail* ou consultar o índice Dow Jones na *Web*.

De uma forma geral, é melhor para as pessoas de meia-idade adquirirem competências informáticas fora do emprego. Mesmo quando um empregador proporciona *workshops* de informática, as pessoas de meia-idade estão geralmente em desvantagem. Isto acontece porque nos falta a espantosa coordenação visual/motora que vemos nos nossos netos. Graças aos jogos de computador com que eles cresceram, um rato de computador é para eles quase como uma terceira mão. É pouco provável que faça boa figura quando a simples manipulação do cursor é para si uma autêntica luta. Com tempo e esforço, provavelmente vai descobrir que se pode tornar tão bom na maioria dos programas informáticos como os mais novos. Mas não cresceu a jogar *Tomb Raider* e essa parte visual/motora vai ser sempre uma luta.

Agarre essa memória

Enquanto abordamos a questão das especificidades cerebrais, talvez seja boa ideia manter a câmara a gravar durante a sua primeira reunião de equipa. Nota a forma como aquele jovem do outro lado da mesa "desbobina" factos e números sem sequer olhar para as suas notas? Ele não tem qualquer problema em lembrar-se de nomes, datas e outros detalhes. O que ele está a demonstrar é uma óptima memória de curto prazo. Se se sentir intimidado, saiba que não está sozinho. A sua memória de curto prazo não é o que costumava ser e a maioria das pessoas de meia-idade sofre do mesmo problema.

Se por vezes um facto estiver mesmo debaixo da língua, se por vezes se esquecer dos nomes das pessoas com quem trabalha todos os dias, se ocasionalmente até se esquecer do seu número de telefone, então está em boa companhia. A maioria dos seus companheiros de meia-idade refere ter as mesmas frustrações. Não, isto não significa que esteja a sofrer de Alzheimer ou que a senilidade esteja mesmo ao virar da esquina. O seu cérebro funciona tão eficientemente como costumava, mas vai ter de encontrar maneiras de contornar a sua memória pouco fiável.

Dicas e técnicas para a memória

Todos temos problemas com a memória de curto prazo, que se tornam mais graves quando envelhecemos. Contudo, existem alguns truques úteis para minimizar o problema e até mesmo formas de estimular um pouco essas células de memória. Como a nossa câmara ainda está a gravar, vamos voltar à reunião da equipa. À sua frente estão as suas notas. Antecipou a informação de que vai precisar para participar plenamente na reunião. De facto, provavelmente passou mais tempo a preparar a reunião do que os seus colegas mais novos. Já tem muitos anos de experiência em reuniões e pode usar esses conhecimentos quando se está a preparar.

Um conhecido meu decidiu que iria parar de se preocupar e que iria controlar de uma vez por todas a sua memória pouco fiável. Henry nunca anda sem uma caneta e um pequeno bloco que guarda no bolso. Também utiliza um bloco maior para tirar notas meticulosas durante as reuniões em que participa. O que ele procura são parcelas de informação que lhe possam vir a ser úteis no futuro. Não está a tentar ser um assistente a registar todo o conteúdo da reunião. Em vez disso, ele aponta os factos e os números que podem vir a ser úteis. Faz a mesma coisa quando navega pela Internet em casa. Contudo, esta informação tem pouco valor até ele a organizar.

Computador de salvação

Para poder também desenvolver as suas técnicas de informática, Henry transfere a informação para uma base de dados simples, possivelmente criada em Microsoft Access ou Microsoft Works. Assim, faz um registo para cada pessoa que conhece ou de quem ouve falar. Inclui os seus nomes, os seus deveres e tudo o que consiga saber sobre essas pessoas. Como algumas são clientes, Henry centra-se nos seus interesses e na melhor forma de as abordar. Por vezes, até "cola" secções de mensagens de *e-mail* no registo, de forma a ter toda a informação de que precisa sobre um indivíduo num único lugar.

Henry também utiliza o seu processador de texto para evitar esquecer informação importante. Cada projecto em que trabalha tem o que ele chama de "folha de rabiscos". Esta é um simples documento de processador de texto, no qual ele regista as suas ideias e a informação que recebe do seu chefe e dos colegas, bem como da sua própria pesquisa. Quando precisa de elaborar um relatório, nunca tem de começar do nada e tem grande parte da informação de que precisa na ponta dos dedos. Quando se reúne com o seu chefe para discutir um projecto, utiliza a "folha de rabiscos" para fazer um esquema dos pontos que tenciona abordar.

Acelere essas células cinzentas

Já referi que existem formas de revitalizar as suas cansadas células de memória. Por exemplo, o *Ginkgo Biloba* é um suplemento nutricional que geralmente vem em forma de extracto feito a partir das folhas da árvore de *Ginkgo Biloba* e que contém fitoquímicos. Parece que existem provas seguras de que funciona muito bem contra a perda de memória normalmente associada ao envelhecimento. O *Ginkgo* tem sido documentado como essencial na melhoria do fluxo de sangue para o cérebro e na redução do declínio associado ao envelhecimento dos neurotransmissores e redutores. O uso de longo prazo das vitaminas A, E e C também parece melhorar a memória, porque atrasa a degeneração vascular e melhora a função cerebral. As vitaminas B também parecem ser úteis para a memória e função cerebral. Muitos estimuladores da memória para serem eficazes dependem de oxidantes, que protegem o sistema nervoso central dos danos causados pelo oxigénio. Outro exemplo de um antioxidante que tem sido publicitado ultimamente é o óleo ou sementes de prímula. Nenhum destes elementos é um remédio mágico que lhe vai restaurar a memória, mas podem proporcionar aquele empurrão de que precisa para se lembrar do nome da colega que trabalha no escritório ao lado.

É claro que os estimulantes de memória não o vão ajudar se à partida não tiver a informação. Que quantidade de leituras faz que estejam associadas ao seu trabalho? Que boletins e *sites* lê regularmente? Vamos mais uma vez voltar atrás, à sua primeira reunião com a equipa. Os elementos que parecem estar em maior vantagem são geralmente os que lêem mais, pois estão actualizados em relação ao que se passa na indústria e são os primeiros a conhecer as novas tendências.

Usar o tempo de forma sensata

Embora algumas destas leituras possam ser feitas durante as horas de trabalho, muitas têm de ser feitas em casa. Está suficientemente interessado no seu emprego para lhe dedicar tempo em casa a ler e a pesquisar? No primeiro capítulo, pensou muito sobre o que realmente queria fazer da sua vida. Uma das razões que muitos de meia-idade apontam para mudar de emprego ou de carreira é que simplesmente não estão interessados no trabalho. Não estão dispostos a dar a atenção extra que o emprego requer. Por exemplo, se estiver no sector bancário, como se sente sobre ter de ler e reflectir sobre assuntos económicos durante as horas em que se encontra "fora de serviço"? Despreza qualquer tempo extra que passe a aprender mais sobre a sua função? Se a resposta for "sim", talvez queira repensar a ocupação que escolheu. Quando chegamos a uma idade madura temos o direito de apreciar o nosso trabalho. Se não aprecia o seu, existem geralmente outras opções disponíveis para si.

Embora já tenhamos abordado as formas como os computadores nos podem ajudar a ter mais sucesso no novo emprego, existem muitas coisas que se podem fazer com um computador. De facto, melhorar as técnicas de informática pode ser a chave para resolver muitos dos problemas que as pessoas de meia-idade enfrentam no mercado de trabalho. Por esta razão, vamos dedicar o próximo capítulo inteiramente aos computadores. Mas não fique nervoso. Mesmo quando se trata destas horríveis máquinas novas, tem talentos que os colaboradores mais novos vão levar anos a adquirir. Quando expandir e enriquecer essas capacidades com competências informáticas, vai adquirir muito poder e influência que serão difíceis de superar.

Capítulo 9

Bases de informática para quem procura emprego

DEPOIS DA RESPOSTA TRAGICAMENTE INADEQUADA ao Furação Katrina, uma investigação do Congresso revelou que as falhas tinham tido origem em várias agências e indivíduos. Uma conclusão inesperada, contudo, foi que os dois membros do Gabinete do Presidente George W. Bush mais centralmente envolvidos na elaboração de planos de prevenção de catástrofes, ambos com mais de 50 anos, nunca verificavam o seu *e-mail*. (De facto, testemunhas indicaram que estes dois membros do Gabinete não utilizavam regularmente o *e-mail*). Outros administradores de topo também não leram as suas mensagens de *e-mail* e, portanto, não estavam preparados para agir quando a acção foi necessária. Seria injusto presumir que a idade foi a fonte do problema, mas a investigação revelou que os membros mais novos da equipa estavam muito mais dispostos a comunicar informação por *e-mail*. Isto tornou-se particularmente importante quando as linhas telefónicas ficaram completamente sobrecarregadas e, portanto, inutilizáveis.

Quase pela primeira vez na história da humanidade era possível enviar instantaneamente informação fundamental para uma dúzia ou mais de departamentos e agências de socorro. Administradores esgotados com excesso de trabalho, lutando para lidar com as diversas exigências feitas ao seu tempo, podiam pelo menos comunicar com os seus superiores, subordinados e colegas de outras agências enviando informação rigorosa ao minuto numa simples mensagem de *e-mail*. No entanto, a investigação do Congresso revelou que, em muitos casos, essas actualizações essenciais eram ignoradas. Muitos com poder de decisão não tinham a informação de que precisavam para agir rapidamente e de forma eficaz, embora essa informação estivesse parada à espera de ser vista nos seus computadores em cima da secretária.

A revolução da comunicação

O relatório que incluiu estas conclusões não entrou em detalhes sobre o uso de *e-mail* pelo Governo, mas existem milhões de escritórios em todo o país onde se pode observar exactamente o mesmo problema. As pessoas com menos de 40 anos tendem a usar o *e-mail* para a maioria da sua correspondência. Muitas gerem empresas de renome a partir de localidades remotas, quase inteiramente por *e-mail*. Se for um dactilógrafo minimamente competente, é capaz de em cinco minutos escrever uma mensagem que atravessa o ciberespaço em segundos. A mesma informação incluída num memorando ou numa carta dactilografada em papel precisaria de cerca de meia hora para ser dactilografada, impressa, assinada, dobrada e selada. Teria de esperar até que alguém recolhesse o correio e precisava pelo menos de um dia para chegar ao seu destino, se fosse enviada por correio prioritário. Uma chamada telefónica é imediata, mas depende de a pessoa do outro lado da linha estar disponível quando a chamada chega, algo que raramente acontece durante uma crise. É claro que o destinatário pode não estar imediatamente disponível para ler uma mensagem de *e-mail*, mas esta seria mesmo assim, genericamente falando, consideravelmente mais rápida do que a carta e mais fiável do que um telefonema.

Não admira que os mais novos se tenham rendido ao *e-mail*. Contudo, este requer um computador e um leitor que saiba mexer no computador no outro lado. Não é só no Governo que os administradores mais velhos não agarram estas oportunidades porque não se sentem realmente confortáveis com computadores. Este fosso entre os colaboradores mais velhos e mais novos existe em quase todas as empresas e organizações não governamentais, culturais e de educação.

Os computadores não são simplesmente uma nova máquina comercial, como uma máquina de escrever ultra-eficiente ou uma calculadora de alta velocidade. Eles revolucionaram a forma como se fazem negócios. Já não é possível trabalhar sem eles e continuar a funcionar eficazmente.

"Oh, eu sei como usar o *e-mail*", talvez tenha dito um desses administradores. "Eu sei como abrir o programa e carregar na mensagem." Talvez o leitor se encontre entre os que aprenderam o suficiente para pressionar as teclas certas – mas os computadores não se tornaram ainda parte da sua vida. O *e-mail* é um bom exemplo. A utilização eficaz do *e-mail* implica verificar as mensagens que chegam várias vezes ao dia. Significa controlar a quantidade de *e-mails* que recebe, filtrando as mensagens não solicitadas e organizando as outras. Significa mover mensagens para fora da caixa de entrada de maneira a que as que chegam de novo não se percam no meio de dezenas, ou mesmo centenas, de outras mensagens. Significa identificar potenciais vírus antes que estes contaminem o seu computador e os de todos na sua lista de endereços.

Profissionais de meia-idade e os computadores

Um dos maiores obstáculos que irá enfrentar na sua procura de emprego é o pressuposto de que os profissionais de meia-idade não têm competências informáticas. Embora gostasse de dizer que isto não passa de um outro estereótipo errado, com demasiada frequência é verdade. Se questionasse empregadores sobre este pressuposto, eles provavelmente poderiam apontar inúmeros exemplos de colaboradores mais velhos que nunca se tornaram suficientemente competentes com computadores para serem realmente produtivos. Em alguns casos, os seus erros custaram milhares de dólares às suas empresas.

De uma maneira geral, os empregadores não acreditam que deveriam ser responsáveis por formação básica em informática. Aqueles que trabalham em escritórios já esperam encontrar um computador em cima de cada secretária, mas os profissionais de meia-idade conseguem frequentemente encontrar maneiras de reduzir a utilização do computador ao mínimo indispensável. A maioria aprendeu a enviar mensagens de *e-mail* e a desempenhar outras tarefas básicas. Mas, em vez de aprenderem o básico da informática, memorizam certas rotinas pressionando determinadas teclas e mexendo o cursor do rato até certas opções. Pouco mais sabem fazer do que repetir os movimentos. Podem esquecer-se de fazer cópias de segurança dos seus dados, causando horas, dias ou semanas de trabalho perdido. Podem não entender os vírus informáticos e fazer apagar uma rede inteira, esquecendo-se de actualizar os seus programas antivírus ou abrindo um anexo de um *e-mail* obviamente suspeito.

O fosso tecnológico entre gerações

Claro que isto não acontece com todos os profissionais de meia-idade e muitos jovens têm igualmente poucos conhecimentos nesta área. No entanto, esta é com tanta frequência uma imagem correcta que lhe vai ser difícil convencer um empregador que percebe tanto de informática como os colaboradores mais jovens. Os seus colegas com menos de 40 anos cresceram com computadores. Aos quatro ou cinco anos, aprenderam os números usando programas animados de computador com o Dinossauro Barney ou o Winnie the Pooh. Passaram tanto tempo com um computador que aprenderam a lidar com os problemas conforme eles iam surgindo. Gradualmente e conforme foram crescendo, voltaram-se para os computadores para tarefas diárias e cada problema que resolviam tornou-os mais competentes e mais confiantes.

Provavelmente não há forma de conseguir alcançar este nível de competência sem uma espécie de formação formal (idealmente, cursos numa escola de formação local). Se, no entanto, não tiver um computador em casa, as competências que aprendeu na sala de aula nunca se tornarão familiares para si. Se for muito disciplinado, é por vezes possível agendar uma hora ou duas por dia num computador da sua biblioteca local ou num centro de acesso público à Internet. Geralmente está alguém de serviço para o ajudar. Embora isto possa ser muito útil, existe sempre a tentação de deixar esse colaborador fazer o trabalho por si. Sempre que se depara com um problema, simplesmente pede ajuda, o que é aceitável se estiver a começar; mas nenhum empregador está disposto a fornecer-lhe ajuda durante as horas de trabalho. Quanto mais cedo for capaz de trabalhar de forma independente, melhor.

Testar as suas competências informáticas

Quando lê sobre outros profissionais de meia-idade com fracas competências em informática, o leitor pode não ter a certeza se se encaixa ou não nesta descrição. Sim, usa um computador, mas como o faz? Talvez a melhor forma de avaliar a sua aptidão informática seja pensar no último projecto em que trabalhou. Durante a fase de planeamento, o computador era uma parte importante do processo? Pensou em como recolher mais informação utilizando a Internet? Considerou pedir sugestões através do seu grupo de discussão por *e-mail*? Pensou numa folha de cálculo ou numa base de dados que o ajudasse a organizar a informação? Quando chegou a altura de informar os seus colegas sobre o seu progresso, usou um programa de apresentações? Por outras palavras, pensou no computador como um instrumento essencial e utilizou-o para trabalhar no seu projecto sem ter de ser incentivado por outros?

Esta pode também ser uma boa altura para ter uma conversa sincera consigo mesmo. Muitos têm dificuldade em analisar as suas competências, porque isso significaria conhecerem as suas folhas. Porém, é bastante mais fácil observar atentamente os seus sentimentos. Por exemplo, descrever-se-ia como não estando à vontade com computadores? Quando o seu computador fica "esquisito", culpa-o ou tenta resolver o problema? Já alguma vez sentiu uma onda de pânico a invadi-lo quando os seus colegas estavam a falar sobre a quantidade de trabalho que fizeram nos seus computadores? Os seus níveis de ansiedade aumentaram porque se interrogou se, possivelmente, o resto do mundo não o terá deixado para trás? Se realmente se descontrolou, é mesmo possível que lá no fundo acredite que é demasiado velho e demasiado inapto para aprender.

Se comprou um computador para ter em casa, este está a apanhar pó no seu escritório? Talvez tenha decidido que o seu cérebro não tem o *chip* ou neurónio misterioso que foi implantado no cérebro das pessoas mais novas. De facto, quando vê o seu neto de dez anos a jogar *Tomb Raider* ou um qualquer outro jogo de computador que requeira uma coordenação visual/motora extraordinária, é possível que a convicção de que esta máquina não é para si aumente.

Estabelecer objectivos realistas

E terá razão. Provavelmente nunca conseguirá jogar ao *Cosmic Invader* com a mesma perícia que um adolescente. Mas, está a esquecer-se de que provavelmente também não o quereria. Os anos tornaram-no uma pessoa muito mais sofisticada, que exige mais em termos de estímulo mental do que o oferecido por jogos deste género. Felizmente, os computadores servem para muito mais do que desfazer 1 342 686 invasores extraterrestres. Os computadores podem ajudá-lo a cultivar qualquer interesse pessoal que tenha e podem até ajudá-lo a conquistar os seus objectivos. Estas actividades adultas envolvem pouca coordenação visual/motora, mas necessitam de competências e experiências que adquiriu ao longo da sua vida pessoal e profissional. Tal como a maioria das actividades adultas compensadoras, requerem pensamento, não velocidade, portanto já está no bom caminho para se tornar um utilizador de computadores de primeiro nível.

Organizar a sua procura de emprego no computador

Um computador é talvez o instrumento mais útil que pode ter quando está à procura de um emprego. Como é essencial desenvolver boas competências informáticas para concorrer no mercado de trabalho, comece imediatamente a utilizar o computador para o ajudar a tomar decisões sobre o seu futuro. Como já deve ter percebido, não existe verdadeiramente uma maneira para se aprender a usar um computador se não tiver um à sua disposição. O acesso mais fácil é, obviamente, o seu computador do escritório mas, como já mencionei, o trabalho não é um bom lugar para mostrar a sua inexperiência. Se não se sentir disposto a comprar o seu próprio computador, os centros públicos de acesso à Internet ou a biblioteca são bons locais para começar a explorar actividades de lazer na Internet.

Encontrar apoio

Se a sua confiança estiver em baixo, vai ser bom ter quem o ajude, alguém que o possa salvar quando precisar de salvação, que lhe reinicie o computador e o faça voltar ao bom caminho. Um membro da família, como o seu neto, não é a melhor pessoa a quem pedir ajuda. É muito provável que ele comece por lhe dizer "é mesmo muito fácil" e depois carregue em dúzias de teclas numa sucessão vertiginosa, enquanto o leitor fica sentado a sentir-se incapaz e completamente confuso. Um instrutor ou um voluntário no seu centro de acesso público à Internet tem experiência em ensinar principiantes e é mais provável que se lembre de todos os pequenos passos que se tornaram familiares para o seu neto. É mais provável que um outro adulto se lembre que, quando se está a começar, estes passos têm de ser aprendidos vagarosa e penosamente. Se já progrediu para além das aplicações mais básicas, os cursos numa escola de formação local também lhe disponibilizam uma sala de computadores e um instrutor que pode responder às suas perguntas.

Nos capítulos anteriores considerou uma variedade de opções, incluindo a reforma, escolher um emprego novo possivelmente numa localidade nova ou até começar o seu próprio negócio. Para tomar uma decisão tão importante vai precisar de toda a informação que conseguir. Nenhum lugar se compara com a Internet quando se trata de encontrar informação. Como os *browsers* da *Web* são os programas de computador mais comuns e os mais fáceis de usar, provavelmente já sabe como andar pela Internet. Mas pode não ter estado atento ao tipo de informação específica que o vai ajudar a fazer estas escolhas importantes. Faça uma lista das perguntas que tem sobre cada uma das suas escolhas. Seguem-se alguns exemplos. Obviamente, as suas perguntas pessoais serão diferentes. Depois escolha o motor de busca Google ou Yahoo.

Custo de vida. Se tenciona mudar-se para uma localidade nova, vai querer comparar o custo de vida de lá com o da cidade onde habita actualmente. Na zona de "Pesquisa Básica" do motor de busca digite as palavras "custo de vida" entre aspas. Note que as aspas são um requisito importante numa boa pesquisa, pois forçam o motor de busca a procurar apenas estas palavras e nesta ordem precisa. Fora das aspas, digite a cidade que lhe interessa. Alguns dos resultados que o motor de busca apresenta podem incluir comparações do custo de vida numa série de lugares diferentes. A cidade onde habita actualmente pode estar listada ou pode precisar de fazer uma segunda busca, substituindo a cidade que pesquisou anteriormente por aquela onde vive.

Pode querer fazer uma pesquisa semelhante sobre custos da habitação. Neste caso, ponha a frase "custos da habitação" entre aspas e junte a cidade apropriada. Porém, uma maneira ainda melhor de comparar os custos da habitação é ir aos *sites* dos agentes imobiliários na zona que está a considerar. Então, pode comparar os custos de casas que estão presentemente para venda com as casas listadas em *sites* semelhantes na cidade onde habita actualmente.

Listagens de empregos. Existem essencialmente duas formas de procurar um emprego na Internet. A primeira é por área ocupacional e a segunda por localidade. Frequentemente é possível combinar as duas nos *sites* maiores. Como existem milhares e milhares de *Websites* com listas de empregos, provavelmente vai encontrar alguns novos durante a sua pesquisa. Para já, vá ao *www.monster.com*. Este é um *site* de tamanho considerável que lista um número enorme de vagas de emprego. Um outro *site* muito grande é o *www.craigslist.org. Sites* como estes perguntam-lhe frequentemente se quer subscrever ou registar-se para ver as listagens e podem pedir-lhe uma variedade de informações pessoais. Para já, não dê qualquer informação pessoal. *Sites* grandes como estes estão cheios de esquemas duvidosos. Criminosos do ciberespaço convidam-no a tornar-se o seu representante no seu país em nome de empresas ilícitas em *offshore*; outros prometem-lhe cem mil dólares no seu primeiro ano. Se um *site* não lhe permitir ver as listagens sem ter primeiro de passar por um procedimento de registo, invente a informação. Mais tarde vai verificar que fornecer alguma informação ocasionalmente pode ser do seu próprio interesse, mas por agora trate como confidenciais informações como o endereço de sua casa ou do emprego, endereço pessoal de *e-mail* ou o número de telefone. De facto, é uma boa ideia criar uma conta grátis de *e-mail* num serviço como o *Hotmail* ou o *Yahoo*, para poder dar este endereço sempre que necessário. Não utilize esse endereço de *e-mail* para a sua correspondência pessoal.

Os anúncios classificados do seu jornal local também se encontram *on-line*, por isso verificá-los numa base regular deve tornar-se uma parte habitual do seu dia. Mais uma vez, mantenha confidencial a sua informação pessoal. Alguns consideram útil criar uma espécie de amigo imaginário. Quando lhes pedem para dar informações pessoais, dão o mesmo nome, data de nascimento, endereço de *e-mail* e de casa, todos inventados.

Informação financeira. Para tomar a decisão certa, tem de saber quanto dinheiro tem e de quanto vai precisar para atingir os seus objectivos. Uma forma excelente de ver como está a gastar o seu dinheiro é ligar-se ao *site* do seu banco várias vezes por semana. Pode ver exactamente quanto dinheiro existe em cada uma das suas contas e pode controlar facilmente as suas despesas diárias, semanais e mensais. No entanto, a informação financeira é altamente confidencial e não deve ser vista num computador público ou no seu local de trabalho. Para ver a informação da sua conta vai ter de introduzir informações confidenciais, que podem ser facilmente usadas para fins errados. Para verificar *on-line* a sua conta bancária, rendimentos da pensão ou investimentos, tem de comprar o seu próprio computador. Mais ainda, tem de se familiarizar com os programas de antivírus e de anti-espionagem para evitar que intrusos consigam aceder ao seu computador.

Cartões de crédito e computadores públicos. As compras *on-line* são um dos usos mais populares da Internet. Mesmo não sendo um utilizador competente de computadores, pode sentir-se tentado a comprar prendas de Natal ou de aniversário *on-line*, de forma a evitar lojas cheias e funcionários desagradáveis. No entanto, as compras *on-line* envolvem muitas vezes o uso do seu cartão de crédito. Se utiliza o seu computador de casa para fazer compras, assegure-se de que os seus programas de antivírus e de anti-espionagem estão actualizados antes de introduzir a informação sobre o seu cartão de crédito. Antes de introduzir esta informação, procure no fundo do ecrã pelo pequeno cadeado dourado que identifica um *site* seguro. A possibilidade de roubo de identidade é uma realidade para confiar esta informação a um computador público ou do seu local de trabalho. Não é invulgar que *hackers* carreguem programas que ficam na memória dos computadores públicos e que memorizam todas as teclas que são usadas pelos utilizadores. Mais tarde, o *hacker* regressa e copia esta informação.

Se não tiver um computador seu, pode ainda tirar partido de *sites* interessantes, mas aconselha-se mais cautela. Por exemplo, pode verificar *on-line* os preços de bilhetes de avião ou de hotéis e depois ligar para um número grátis indicado no *site*. Mais tarde, quando tiver o seu computador, pode então fazer as reservas *on-line*.

Manter um registo de informação importante

Quase todos os computadores equipados com Windows vêm com o programa Microsoft Outlook. Se actualmente utiliza *e-mail*, pode já estar familiarizado com o módulo de *e-mail* deste programa. Provavelmente, está a usar a versão simplificada do Outlook Express. A versão completa do Outlook inclui diversos módulos que o podem ajudar a organizar a sua procura de emprego e a utilizar o seu tempo de forma mais eficaz. Provavelmente pode encontrar o programa listado no menu "Iniciar" do seu computador. Quando aceder ao programa, ser-lhe-ão colocadas uma série de perguntas, para que o programa possa ser configurado para as suas necessidades pessoais. Esta não é uma informação que deva estar num computador público; o Outlook é, na realidade, para ser utilizado em casa.

Uma lista de endereços mais útil. Porque não começar com o módulo de "Contactos"? Este é na realidade uma lista de endereços supereficiente; mas, à medida que a sua procura de emprego progride, vai ter de manter o registo de uma série de contactos. A grande vantagem desta lista computorizada é o facto de lhe dar espaço para as suas próprias anotações. Não só pode incluir a informação habitual, como pode ainda registar quantas cartas enviou e quantos telefonemas fez. Se conseguir saber mais informações sobre um empregador quando pesquisar na Internet, pode simplesmente "copiar" e "colar" esta informação no campo "Notas" do Outlook.

O seu calendário. O Outlook oferece ainda uma agenda muito semelhante aos modelos executivos impressos, que frequentemente custam uma fortuna. O que torna a versão do computador ainda melhor é a forma como a pode expandir e contrair. Pode adicionar tanta informação quanta necessária. Por exemplo, se tiver agendada uma entrevista telefónica, tem espaço no seu calendário para incluir os nomes e os cargos de todos os participantes, bem como qualquer outra informação que possa ser útil. O Outlook também o pode alertar para um compromisso, mas tem de se habituar a actualizar o programa todos os dias.

A lista de coisas para fazer. É fácil configurar a sua lista diária de coisas para fazer. Contudo, certifique-se de que vai eliminando as tarefas depois de as ter completado. O Outlook é excelente a "importunar". Recentemente um amigo elucidou-me acerca dos utensílios do Yahoo. São pequenos ícones expostos no seu ambiente de trabalho sempre que liga o computador. Existem diversos utensílios de "Lista de Coisas a Fazer"; aquele que prefiro chama-se "O Que Fazer". É simplesmente uma lista que fica no ambiente de trabalho "importunando" silenciosamente o utilizador para que este cumpra as suas tarefas. Algumas pessoas querem ser "importunadas", enquanto outras preferem uma abordagem diferente. Uma das melhores razões para se tornar familiar com o seu computador é a sua capacidade para o ajustar, tornando-o compatível com os hábitos pessoais de trabalho.

Escolher um processador de texto

Depois de ter visto uma vaga de emprego e de a ter investigado cuidadosamente na Internet, vai querer enviar uma carta a mostrar interesse na posição. Isto significa que vai ter de se tornar razoavelmente competente a usar um programa de processamento de texto. Actualmente, o programa mais popular é o Microsoft Word. Contudo, existem muitos outros programas bastante satisfatórios no mercado, incluindo o WordPerfect. Se as suas cartas e currículos forem para imprimir e enviar, não importa realmente que programa vai utilizar, desde que esteja contente com ele. Mas se vai anexar o ficheiro do seu currículo a mensagens de *e-mail*, irá necessitar de um programa que a pessoa do outro lado possa, com alguma probabilidade, ter. A maioria dos programas consegue converter texto de outros, mas um currículo está tão cuidadosamente formatado que é pouco provável que depois do processo de conversão tenha ainda o aspecto com o qual foi enviado. Se considera que vai enviar o seu currículo por *e-mail* com regularidade, o Microsoft Word é provavelmente a melhor aposta.

Pode ainda sentir-se tentado a utilizar a possibilidade "fusão de correio*" do seu processador de texto. Isto permite-lhe personalizar cartas padronizadas de forma a parecerem cartas pessoais. A maioria dos conselheiros profissionais advertem para que se tenha prudência no uso de cartas padronizadas, pois o resultado não é suficientemente bom e os empregadores conseguem aperceber-se dos excertos personalizados que os programas de "fusão de correio" inserem. É melhor centrar-se especificamente no empregador e na vaga em cada carta que enviar. É óbvio que existem parágrafos que serão incluídos em todas as cartas, mas os recrutadores procuram um interesse genuíno nas suas organizações. Se não se considera um bom escritor, aumente os parágrafos comuns e diminua as secções personalizadas, mas não comece com uma carta padronizada.

Utilizar um conjunto de programas multifunção

O Microsoft Works é um exemplo de um programa que tem diversos módulos diferentes, capazes de realizar uma variedade de tarefas. O MS Works já vem instalado em muitos computadores que funcionam em Windows. O Microsoft Office é outro exemplo do que pode ser chamado um conjunto de programas. Se escolher o MS Word como o seu processador de texto, vai ter menos dificuldade em utilizar os outros módulos do conjunto, portanto pode explorar o módulo Excel para folhas de cálculo, o módulo Access para bases de dados e o módulo PowerPoint para apresentações. Depois de se sentir confortável com um módulo, vai verificar que os outros, que utilizam muitos dos mesmos menus, lhe vão parecer extremamente familiares.

Verifique o seu *e-mail*

Provavelmente já tem um endereço de *e-mail*, quer em casa quer no escritório, e usa-o pelo menos ocasionalmente. É essencial que passe algum tempo todos os dias no seu computador em casa, para se habituar a corresponder-se desta

* **N. T.** No original, *mail merge*.

forma com mais amigos e familiares. Naturalmente, gosta de saber notícias dos seus filhos e netos que possam estar espalhados por todo o país ou até pelo mundo. É mesmo possível descobrir amigos de infância ou colegas de quarto na universidade. Quanto mais experiências positivas tiver com computadores, mais confortável se irá sentir. A frustração com as falhas do sistema e outras crises são equilibradas pelo prazer de estar em contacto com os amigos. É mesmo possível fazerem-se "telefonemas" utilizando o microfone e as colunas do computador. Pode falar o tempo que quiser sem custos adicionais.

Se começar a utilizar o Microsoft Outlook regularmente (não o Outlook Express) pode querer "copiar" e "colar" informação importante na secção de "Contactos", principalmente os ficheiros de assinatura que a maioria dos executivos insere automaticamente no fim dos seus *e-mails*. Como o programa Outlook já está carregado, é fácil "copiar" outra informação para o seu calendário. Por exemplo, se tiver uma entrevista pode "copiar" não só a data e a hora, mas também as instruções para chegar ao local da entrevista e qualquer outra informação que o ajude a preparar-se.

Divertir-se com um computador

Descobrir coisas agradáveis para fazer com o seu computador vai certamente melhorar a sua atitude, mas é provável que ainda olhe para ele como se fosse uma espécie de "monstro mecânico". Aprender a utilizar um computador não é realmente muito diferente de aprender outras competências, mas existe uma diferença enorme. Sabe perfeitamente que a máquina fotográfica ou o vídeo são máquinas que desempenham certas funções. Embora isto seja igualmente verdade para os computadores, os meios de comunicação social estão constantemente a dizer-nos que os computadores são diferentes. Eles não são máquinas, mas sim "supercérebros" muito mais inteligentes do que os nossos.

Já todos vimos dezenas de filmes e programas de televisão em que os computadores dominam o mundo. Eles funcionam completamente sozinhos, tomando decisões sem qualquer intervenção dos seres humanos. Tal como Hal no filme *2001: Odisseia no Espaço*, eles podem ser monstros maus e loucos por poder que pretendem o domínio interplanetário. Por outro lado, podem ser queridos e bem-intencionados, como o Robbie, the Robot, ou o C3-PO*, carinhosos e benevolentes, mas sempre muito mais inteligentes do que os seus companheiros humanos.

Estas imagens estão gravadas nas nossas mentes e emergem sempre que um computador não funciona devidamente. Se acontece algo de inesperado, acreditamos que a mente brilhante do computador está a tentar frustrar-nos deliberadamente. Estamos numa batalha de sagacidades com um opositor muito mais inteligente e nunca poderemos vencer. Esforce-se por apagar estas imagens da sua memória ou, pelo menos, aceitar o facto de elas pertencerem inteiramente ao mundo da fantasia. Os computadores são máquinas e nada mais do que máquinas. Todos foram desenhados, construídos e programados por seres humanos. Não podem fazer nada que esses seres humanos não lhes tenham ensinado. Nenhum computador se assemelha nem de longe ao nosso cérebro em termos de inteligência e complexidade. Os computadores podem fazer muito mais rapidamente – à velocidade de electrões – o que os nossos cérebros fazem, mas não têm a nossa flexibilidade.

Acelerar a sua dactilografia

Se, há muitos anos, tirou um curso de dactilografia na escola secundária, já tem uma vantagem. Ter uma ideia geral do lugar onde as teclas se encontram é provavelmente o suficiente para poder começar. Infelizmente, pensava-se que a dactilografia não era uma actividade suficientemente máscula para os rapazes aprenderem. Os homens recebiam formação para serem capitães da indústria, que seriam demasiado importantes e estariam demasiado ocupados para dactilografar os seus documentos. Como a dactilografia era uma competência "feminina", as raparigas tiveram um grande avanço. Mesmo assim, dactilografar num computador é realmente muito fácil. Muitas das competências que eram necessárias para as enormes máquinas de escrever manuais agora já não são importantes. Os erros podem ser corrigidos tão facilmente que por vezes nem

* **N. T.** Personagens dos filmes *Planeta Proibido* e *A Guerra das Estrelas*, respectivamente.

vale a pena tentar evitá-los. Dentro em breve vai ver que consegue dactilografar quase tão depressa como consegue pensar, porque pode sempre voltar atrás mais tarde e corrigir problemas evidentes.

Existem muitos programas de computador que ensinam a dactilografar e que vão do divertido para crianças pequenas até aos cursos completos para adultos. O mais conhecido é provavelmente o "Mavis Bacon Teaches Typing*", mas existem dezenas de outros. Muitos são programas baratos de partilha, que podem ser descarregados da Internet. Pessoalmente, utilizo um programa para crianças que me obriga a eliminar letras que vão caindo do topo do ecrã. Se eu não conseguir pressionar as teclas correctas antes de as letras atingirem o chão (ou o fundo do ecrã), elas explodem, emitindo um som estridente. Existem programas muito menos violentos, mas o jogo das letras que explodem ajudou-me a conseguir dactilografar mais ou menos adequadamente, no prazo de poucas semanas.

Precisa mesmo de ter o seu próprio computador?

Digamos que tem estado a utilizar um computador público para as suas actividades de procura de emprego. Pode não ser um "mago", mas já começa a sentir-se mais confiante. Chegou a altura de se decidir e investir num computador próprio? É claro que as suas finanças pessoais interferem bastante com a decisão, mas existem ainda outras considerações.

Pare um pouco para pensar nas tarefas relacionadas com a procura de emprego que foi capaz de fazer num computador público. A maioria dos computadores públicos tem um processador de texto que lhe permite escrever cartas e compor um currículo. No entanto, não pode guardar lá estes ficheiros. Mas, como não vai querer escrever desde o início as cartas para todas as vagas de emprego, tem de encontrar uma maneira de poder guardar ficheiros. A forma talvez mais eficiente de o fazer é comprar uma *pen drive.* Algumas custam apenas cerca de 10 euros e são discos mesmo muito pequenos e muito portáteis, que podem andar no seu

* **N. T.** "Mavis Bacon Ensina a Dactilografar".

bolso ou presos ao seu porta-chaves. Mesmo as de pouca memória chegam muito provavelmente para as suas necessidades. Porém, vai ter de confirmar com o pessoal que supervisiona os computadores públicos se tem ou não permissão para usar um disco destes. Como têm de ser ligados ao portal USB do computador público, alguns técnicos receiam que estes discos infectem os computadores com um vírus ou um programa de espionagem. Se não puder usar, pode guardar os seus ficheiros em disquetes ou em CD-ROM, caso estes sejam permitidos. Mas se não conseguir guardar o seu trabalho, vai começar a sentir-se frustrado.

Gradualmente, conforme se for tornando um utilizador cada vez mais activo de computadores, vai descobrir outras limitações dos computadores públicos e vai começar a ponderar se deve ou não comprar um para si. Quando se tem um computador próprio, ninguém pode descarregar vírus ou jogar jogos enquanto o leitor espera impacientemente. Ninguém corrompe acidentalmente o processador de texto exactamente quando nos preparamos para escrever uma carta nem nos diz que o nosso tempo acabou quando o prazo para o envio da candidatura termina no dia seguinte. Não tem de partilhar computadores com centenas de estudantes ou visitantes da biblioteca, que frequentemente significa que os computadores não estão disponíveis quando precisa deles ou que estão em tão más condições que o seu ficheiro pode desaparecer a qualquer momento. No entanto, vai passar a poder contar apenas consigo e vai ter de ser capaz de resolver os seus problemas. Acha que já se tornou suficientemente independente? Com que frequência ainda precisa de ajuda? Se tem usado um computador público, consegue trabalhar sozinho durante uma hora ou mais sem assistência? Como ainda está a desenvolver a sua competência, é natural que continue a precisar de ajuda para novos desafios; mas sente que consegue dominar o básico?

Computadores portáteis

Se viaja muito, pode estar a pensar que seria bom ter um pequeno computador portátil que pudesse levar consigo. É verdade que os portáteis são bons para se ter quando se anda na estrada, mas não devem ter preferência sobre um computador mais substancial e que fique em casa, em cima da secretária. Os monitores dos portáteis por vezes são difíceis de ver, mesmo para os jovens cuja visão é provavelmente melhor do que a sua. Os teclados são mais pequenos. As suas mãos rapidamente se vão sentir doridas e tende-se a fazer mais erros do que com um teclado tradicional. O dispositivo que serve de rato consegue ser particularmente irritante. É difícil de usar, portanto seleccionar texto ou carregar numa ligação pode tornar-se uma verdadeira provação.

Mas se realmente tiver de andar com um computador atrás de si, invista no que se chama uma "estação de acoplamento*". Isto permite-lhe ligar o seu portátil e adicionar qualquer outro equipamento periférico de que necessite (como um teclado de tamanho normal e um rato ou um monitor maior). O portátil pode então ser utilizado como se fosse um computador de secretária quando for mais conveniente, mas também pode andar na estrada consigo depois de ter desligado o equipamento extra.

Escolher um computador

Para muitos, a ideia de comprar um computador é muito assustadora. Primeiro, claro, representa um investimento substancial, mesmo que se escolha um em segunda mão. Depois, os anúncios de computadores parecem estar escritos em grego e anunciam características sem qualquer significado para nós. Os vendedores utilizam o mesmo vocabulário incompreensível e ficamos com tanta informação como a que tínhamos à partida. Então, como escolher um computador?

Falar com amigos sobre as escolhas de computador que eles fizeram pode ser uma grande ajuda. No entanto, pode receber muitos conselhos contraditórios. Na biblioteca existem provavelmente muitas revistas de computadores. Alguns exemplos são a *PC World* e a *PC Guia*. Folheie algumas das mais populares, mas talvez não as mais recentes, pois os computadores comentados nas edições actuais são os de tecnologia mais actual, que se vendem a preços muito elevados. Provavelmente vai querer esperar até os preços baixarem para níveis mais económicos.

* **N. T.** No original, *docking station*.

Quando estiver a ler os comentários e a falar com amigos e técnicos, peça informações sobre o serviço ao cliente. Como proprietário de um computador novo, vai precisar de assistência. Se puder telefonar a um técnico e explicar a sua dificuldade, ele ou ela devem ser capazes de a resolver em poucos minutos. Se, por outro lado, receber uma mensagem gravada e não lhe ligarem de volta durante dias, um pequeno problema pode facilmente tornar-se numa enorme crise. Procure contratos de serviço que incluam um número de telefone para onde possa telefonar gratuitamente. Verifique se um técnico se desloca a sua casa ou se tem de levar o computador a um centro de serviços para ser reparado. Uma garantia das peças pode também ser importante. Muitos utilizadores de computador dir-lhe-ão que preferem comprar apoio técnico mínimo com o seu computador novo e depois contratar um técnico local que esteja disposto a deslocar-se ao domicílio.

Escolher programas de *software*

Quando se está a aprender a utilizar um programa de computador, é preciso ter amigos. Se está com dificuldades com um manual que parece ter sido escrito numa língua estrangeira, não há nada melhor do que um amigo ou um técnico que conheçam o programa. Ele ou ela podem, apenas com algumas palavras bem escolhidas, ajudá-lo a superar uma dificuldade que lhe causou horas de angústia. Por esta razão, talvez deva escolher um programa que seja popular entre os seus amigos, mesmo que seja um pouco mais caro.

Evitar crises

Os utilizadores de computador ainda pouco experientes sentem-se por vezes desencorajados com as histórias de horror que ouvem de amigos e colegas. As crises acontecem mesmo, portanto é importante que esteja preparado para elas. Quando guarda um ficheiro, está dependente de impulsos magnéticos que, com o tempo, se vão desvanecendo. Os discos rígidos dos computadores e os outros meios de armazenamento de dados têm uma esperança de vida limitada.

Os CD-ROM riscam-se com facilidade, fazendo com que a leitura da informação seja impossível. Certifique-se de que, numa emergência, tem cópias de segurança dos ficheiros. Pense no que faria se o disco rígido do seu computador "morresse" ou se o ficheiro com o seu currículo desaparecesse subitamente. Muitas vezes parece que o simples facto de termos um plano garante que nunca o teremos de utilizar.

O estereótipo do profissional de meia-idade que tem dificuldades com o computador está tão disseminado que muitos empregadores irão partir do princípio que se adequa a si, a não ser que lhes prove que consigo é diferente. E esta não é uma batalha que se vence com palavras. Vai ter de demonstrar um nível de conforto com o computador que seja semelhante ao dos elementos mais novos da equipa. Lembre-se que eles passam muitas horas por dia com um computador, tanto em casa como no trabalho. Para conseguir alcançar esse nível, vai ter de arranjar formas de integrar o computador na maioria das suas actividades diárias. Isto é muito diferente de verificar o *e-mail* de vez em quando. Dominar realmente o computador representa um enorme compromisso, mas vai ver que o esforço irá valer a pena.

Capítulo 10
Voltar à sala de aula

DAVID PASSOU MAIS DE 25 ANOS a trabalhar como funcionário público. Gradualmente, evoluiu na carreira a nível da administração local e alcançou algum estatuto e conforto financeiro. Acontece que a Câmara Municipal onde David era funcionário tinha a reputação de ser corrupta, mas o departamento de David conseguiu manter-se relativamente livre de influência política. A maioria dos seus colegas trabalhava arduamente e encarava o seu trabalho com seriedade. O mesmo não se verificava nos outros departamentos e o Gabinete do Presidente da Câmara era conhecido como a "central da corrupção".

O presidente estava a ficar velho e, quando um movimento de reforma se instalou na Câmara, este não conseguiu suster a onda de mudança. Foi substituído por uma administração reformadora, cheia de elementos dinâmicos e determinados a erradicar a corrupção em todos os níveis. Infelizmente, quando se efectuou a "limpeza", não houve qualquer distinção entre os bons e os maus.

Trouxeram jovens acabados de contratar para reorganizar todos os departamentos e David, de repente, tornou-se um símbolo dos maus velhos tempos. Como era quase impossível despedir um colaborador tão antigo, principalmente um que só tinha tido avaliações brilhantes, puseram David a executar tarefas monótonas e tentaram fingir que ele não existia. Estas feridas constantes no seu ego transformaram o seu trabalho numa tortura. No entanto, David tinha pouco mais do que 50 anos e precisava de maximizar os seus benefícios de reforma.

A uma humilhação seguia-se outra, até que David percebeu que, ainda que tivesse de passar o resto da sua vida na pobreza, tinha de se ir embora. Mas o que iria fazer? Profundamente desmoralizado, interrogou-se se haveria alguma coisa em que ele pudesse ser bom.

Reacender o sonho

Olhando para os seus tempos de universidade, David lembrou-se do quanto desejara ser professor de Inglês. Porém, na altura, o seu lado prático saiu vitorioso. Fazer um mestrado e um doutoramento em Inglês numa época em que as perspectivas de emprego eram limitadas não era um objectivo razoável. Em vez disso, optou por uma carreira na função pública, que lhe dava segurança, oportunidades de evolução na carreira e benefícios excelentes. Durante 25 anos, pareceu-lhe ter sido a escolha certa.

Uma tarde, depois de um dia particularmente agonizante no trabalho, David decidiu que tinha de tomar uma decisão; não podia continuar daquela maneira! Primeiro, reuniu todos os documentos sobre o seu plano de reforma e investimentos que tinha arquivados. Depois sentou-se à mesa da cozinha e calculou exactamente quanto dinheiro teria disponível se se demitisse imediatamente. Certamente não era muito, mas fome não iria passar. No entanto, existe uma grande diferença entre uma vida de mera existência e uma vida compensadora e realizada. O que iria fazer com o seu tempo? Aparentemente vinda do nada, veio-lhe à ideia aquela sua velha ambição. Mas isso era ridículo, dizia ele a si mesmo. O custo de um doutoramento seria astronómico e, quando completasse o curso, restar-lhe-iam poucos anos de carreira.

Fazer planos

Nessa noite, David não conseguiu dormir. O seu lado prático tentava recuperar o controlo, mas às quatro da madrugada era evidente que a vitória estava do lado sonhador. Às oito e trinta da manhã telefonou para o emprego a dizer que estava doente. Nos 25 anos em que trabalhou para a Câmara, David nunca tinha dito estar doente apenas para ter um dia livre, mas aquele era um dia diferente. A seguir, marcou uma reunião com um conselheiro de admissões numa universidade pública local e outra com o director do departamento de Inglês. David estava à espera de se sentir como um peixe fora de água no *campus* universitário. Receava ter de explicar os seus problemas a um conselheiro e a um professor de Inglês, ambos mais novos do que ele. Resumindo, odiava ter de admitir que era um falhado.

Os estudantes mais velhos são bem-vindos

As duas reuniões acabaram por ser muito diferentes do que ele esperava. Em geral, as universidades acolhem bem os estudantes mais velhos, pois estes sabem muito mais sobre si e sobre as suas capacidades do que os jovens acabados de sair da escola secundária. Embora David tivesse imaginado que seria o estudante mais velho da universidade, havia centenas de outros estudantes dentro da sua faixa etária. Alguns estavam a tirar um curso para poderem ter direito a uma promoção. Outros, como David, estavam a preparar-se para carreiras completamente novas. Ninguém que David conheceu pareceu surpreendido ou chocado com o seu objectivo pouco prático. Na realidade, este acabou por não ser tão impraticável assim. O custo da matrícula na universidade pública era relativamente baixo e trabalhos como assistentes ou outros a tempo parcial salvavam a maioria dos estudantes em cursos pós-licenciatura de uma pobreza absoluta.

Qual a dimensão do compromisso?

Porém, era verdade que conseguir tirar dois cursos lhe iria ocupar muito tempo. Significava ter de passar diversos anos a frequentar aulas, a fazer investigação, a escrever trabalhos e a estudar para exames. Conforme vamos envelhecendo, o nosso tempo torna-se mais importante. David queria mesmo dedicar tanto tempo à sua educação? No entanto, lembrava-se bem de todos os cursos que fizera apenas pelo prazer de os fazer. Nesta altura, já tinha esgotado praticamente todas as ofertas da sua escola de formação local, mas lembrava-se bem como lhe tinha agradado o estímulo mental desses cursos de História, de escrita criativa e de informática que tinha tirado.

Alguns dias mais tarde, sentou-se novamente à mesa da cozinha. Mas agora tinha tantos papéis empilhados em cima dela que tinha passado a fazer as refeições na sala de estar. Depois de todos aqueles anos como funcionário público, David era óptimo a lidar com documentos e nunca essa competência tinha sido tão útil. Os formulários de candidatura à universidade tinham várias páginas e ele teria de enviar transcrições de todo o seu trabalho académico desde os tempos do secundário. Os formulários igualmente complicados de candidaturas a bolsas e a apoio financeiro também iriam requerer imenso trabalho. Mas para já, David tinha de decidir como iria pagar as contas.

Os benefícios inesperados de se ser estudante

A sua maior preocupação talvez já estivesse resolvida. Parte da razão pela qual David tinha esperado tanto tempo para se demitir era o facto de precisar do seguro de saúde. Aquele a que tinha acesso ao trabalhar para a Câmara pagava-lhe a maioria das suas despesas médicas e, com a sua idade, ele não se atrevia a correr riscos. De facto, os profissionais de meia-idade agarram-se aos seus empregos aborrecidos e desagradáveis apenas por essa razão. Embora David ainda pudesse estender a sua cobertura por mais 18 meses, isso seria caro e ele não teria qualquer seguro de saúde depois de esta expirar. Contudo, como estudante universitário tinha direito a um excelente plano de cuidados de saúde e os seus custos seriam mais baixos do que com o outro plano. As seguradoras da área da saúde podem oferecer taxas baixas porque a maioria dos estudantes universitários são jovens e têm poucas despesas médicas. Isto significa que, fazendo parte deste grupo, David podia fazer poupanças consideráveis.

Estabelecer um orçamento

A descoberta de que teria direito a um plano de cuidados de saúde menos dispendioso levou David a recalcular a longa lista de números que tinha estado a analisar.

Se explorasse agora os benefícios da sua conta poupança reforma e pensão, iria diminuir o seu rendimento futuro, numa altura em que já não seria capaz de trabalhar. Por outro lado, se cortasse alguns dos luxos que não significavam muito para si, seria capaz de sobreviver sem tocar no seu rendimento de reforma. As suas poupanças poderiam cobrir emergências e, se descobrisse que tinha subestimado as suas necessidades financeiras, ainda era suficientemente jovem para reavaliar as suas opções.

David está agora a escrever a sua tese de doutoramento. Já terminou o mestrado e passou no exame necessário para poder começar a trabalhar na sua dissertação. Está ansioso que chegue a altura em que poderá candidatar-se a um cargo de ensino a tempo inteiro e começar a desfrutar de alguns dos luxos que estão fora do alcance da maioria dos estudantes universitários. Mesmo assim, sabe que tomou a decisão certa.

Algumas coisas são mais fáceis e outras mais difíceis

Algumas coisas acabaram por ser mais difíceis do que David tinha antecipado. Por exemplo, passar no *Graduate Record Examination*[*] exigido fica mais difícil conforme se vai envelhecendo. Embora o nosso conhecimento geral aumente, a nossa memória de curto prazo começa a diminuir por volta dos 40 anos. Os estudantes mais velhos também sofrem mais com a ansiedade dos testes e podem não ser muito bons a fazer testes cronometrados. Felizmente, as universidades estão habituadas a trabalhar com estudantes mais velhos e podem facilitar ou minimizar alguns destes problemas.

Mas David foi excelente em todo o curso. Ao contrário da época em que estava na universidade, agora podia ter disciplinas de que realmente gostava. Os professores, cujos dias são preenchidos por jovens de 19 anos entediados, insistindo que merecem notas mais altas nos testes, gostam de ter adultos maduros nas suas aulas. Desde que estes estudantes mais velhos estejam abertos a novas ideias e não insistam em monopolizar a aula, a sua presença é procurada e apreciada.

* **N. T.** O exame necessário para poder começar a trabalhar na tese, referido anteriormente.

Depois de dois anos a sentir-se inapto e indesejado no emprego, David reconfortava-se com o brilho do sucesso académico.

As recompensas da aprendizagem

A maioria sabe que, se vai iniciar uma carreira nova ou começar um emprego que requeira novas competências, pode precisar de regressar à escola. No entanto, cada vez mais pessoas de meia-idade verificam que, independentemente dos seus planos, voltar às aulas é uma boa escolha. Não só melhora as suas hipóteses de sucesso no emprego, como também melhora a sua qualidade de vida de formas inesperadas. Muitos dizem que o mais importante não é aquilo que aprendem, mas sim o facto de estarem a aprender. O ambiente escolar também lhes dá uma oportunidade não só para actualizarem as suas competências, mas também para se tornarem mais confortáveis com o mundo de hoje.

Ainda antes de se encontrar pronto a lançar-se numa procura de emprego, é boa ideia matricular-se num curso na sua escola de formação local. Muitos profissionais de meia-idade optam por frequentar aulas de informática, mas não interessa verdadeiramente aquilo que escolhem. De facto, seria uma boa ideia escolher o seu primeiro curso só por prazer. Opte por um passatempo que lhe agrade e sobre o qual gostaria de saber mais. Talvez o leitor seja um jardineiro amador ou goste de reparar o seu próprio automóvel. Uma das melhores coisas de tirar um curso destes é que os seus colegas serão parecidos consigo: eles estão realmente interessados na matéria. Partilhar este seu interesse vai pô-lo em contacto com pessoas de todas as idades e proveniências.

À medida que envelhecemos, o nosso mundo tende a estreitar-se. Gradualmente limitamos as nossas experiências, conversamos com as mesmas pessoas, vemos os mesmos programas de televisão e seguimos as mesmas rotinas. A maioria das pessoas de meia-idade verifica que agora gosta de aprender pelo prazer da aprendizagem. Conta que recarregar as baterias mentais lhe levanta o moral e até que lhe dá mais energia. Mais tarde, quando souber a direcção que quer tomar, seja ela mudar de emprego ou começar a sua empresa, vai estar mais bem preparado para a sala de aula. Quando encontrar obstáculos, vai ser capaz de lidar com estes ainda antes de considerar seriamente um estudo formal.

O seu cérebro está activo

Obstáculos? Quais obstáculos? Pode estar a sentir-se apreensivo porque, lá no fundo, receia ter perdido as suas competências académicas. Na realidade, provavelmente vai verificar que, se em tempos foi um bom aluno, vai continuar a ser bom; se em criança não gostava da escola, pode achá-la muito mais agradável agora que tem experiência e maturidade. Penso que é justo dizer-se que os pontos positivos e negativos de se envelhecer quase se anulam na sala de aula, mas que os pontos positivos têm uma ligeira vantagem.

Tal como mencionámos, provavelmente a sua memória de curto prazo não é agora o que costumava ser quando tinha 19 anos. Antes, podia ficar a estudar até tarde para um teste no dia seguinte e acumular enormes quantidades de informação no seu cérebro. No dia seguinte, transferia esses factos para a folha de teste. Isto já não funciona assim para a maioria dos de meia-idade. O seu cérebro simplesmente já não se comporta como uma esponja, portanto é pouco provável que registe factos isolados.

Tem agora uma coisa que pode ser ainda mais útil do que a "esponja" que não discrimina nem diferencia: tem uma vida cheia de experiências e essas experiências ficaram consigo, formando uma rede organizada de ideias e de informação. Os factos e as ideias novas encontram o seu lugar nessa rede. Integram-se com outras ideias e tornam-se mais significativas do que os factos isolados. Ainda assim, tudo vai levar mais tempo. Vai precisar de mais tempo para estudar para um teste e mais tempo para responder às perguntas do teste. Um relatório de investigação, que um outro estudante consegue acabar em poucos dias, vai demorar-lhe uma semana ou mais.

Quando os egos se confrontam

Nem todos os que regressam à escola têm tanto êxito como David. Stan é um exemplo de uma pessoa de meia-idade que não conseguiu superar o seu ego "inchado". Ele também se matriculou num programa na sua universidade local. Como sempre tinha tido um dom para línguas, Stan decidiu-se por um curso de Japonês.

Sempre se sentira fascinado pela cultura japonesa e desde os tempos da universidade que era fluente em diversas línguas, portanto esperava não ter problemas com a matéria.

De facto, Stan estava completamente certo de que iria dominar a matéria. O seu cérebro tinha-se mantido activo ao longo dos anos e todos aqueles neurónios precisavam apenas de um pequeno treino para dominar o Japonês. O problema era que Stan se considerava especial, ou pelo menos queria ver-se a si mesmo dessa maneira. Os mais novos "tinham a mania" e simplesmente não apreciavam as suas qualidades superiores. Infelizmente, ele não guardou estes pensamentos para si. Quando os seus colegas eram um pouco mais simpáticos, ele aproveitava essa oportunidade para lhes contar coisas sobre si mesmo – tudo sobre si mesmo – todas as realizações de sucesso e todas as ideias brilhantes que alguma vez tinha tido. Consegue facilmente imaginar a reacção deles. Os estudantes que se sentavam em carteiras perto da dele mudavam-se durante o intervalo e faziam questão de evitar os seus olhares depois das aulas.

Stan também gostava de responder às perguntas do professor. Fazia sempre questão de estar preparado para a aula e queria certificar-se de que todos sabiam como ele era inteligente. Os mais novos são sempre muito mais tímidos em falar nas aulas; retraem-se e geralmente desaprovam o que chamam "dar graxa" ao professor. Na verdade, os jovens raramente tiram um curso só pelo prazer de o tirar e consideram exibicionistas os estudantes mais velhos como Stan.

No início, os professores de Stan apreciaram o seu entusiasmo. É deprimente estar continuamente a fazer perguntas que enfrentam um silêncio de morte e é bom saber que pelo menos um estudante está interessado na aula. Contudo, rapidamente se fartaram dos seus monólogos cansativos. Os comentários de Stan tomavam demasiado tempo e impediam a turma de aprender informação mais importante. Para piorar ainda mais as coisas, Stan muitas vezes pensava que sabia mais do que o professor. Umas vezes estava certo e outras estava errado, mas no fim acabou por se tornar *persona non grata* entre os docentes. Para serem eficazes, os professores universitários têm de manter o respeito e a atenção das suas turmas. Naturalmente não lhes agrada quando alguém os faz parecer ridículos e receiam perder o controlo. Stan estava tão concentrado em si mesmo e nas suas contribuições que nunca viu os professores como pessoas que precisavam da sua lealdade e do seu apoio.

Voltar a ser estudante

Regra geral, é boa ideia imitar o comportamento dos outros alunos. Com isto não quero dizer que se desça ao nível de um jovem de 19 anos entediado que torna bem claro que preferiria estar a fazer outra coisa. Em vez disso, adopte um perfil discreto até ver como os melhores alunos interagem com os professores, bem como uns com os outros. Mostre-se interessado na aula, mas não monopolize as discussões. Pode até contabilizar o número de vezes que fala e colocar-se sob restrições rígidas.

Lembre-se que os professores mais novos podem sentir-se intimidados com a sua presença. Assegure-se de que lhes diz que gosta das aulas e não lhes chame a atenção para todos os erros. Não tem necessidade de os impressionar com o seu conhecimento. Em certo sentido, eles estão a dar-lhe o fruto das pesquisas e dos estudos que fizeram. Aceite isto como uma prenda e "a cavalo dado não se olha o dente".

Conheça os seus colegas de turma, mas deixe-os fazer a maior parte da conversa. Um dos aspectos mais positivos de se voltar à escola é poder conhecer pessoas jovens como seus pares. São todos iguais e estão todos a partilhar uma experiência comum. Tire partido desses laços para os conhecer melhor. Ver o mundo com os olhos deles vai prepará-lo para o mercado de trabalho, pois são os jovens que o dominam.

A tempo inteiro ou a tempo parcial?

Voltar à escola tanto pode significar a frequência de uma única disciplina como um compromisso de vários anos, como no caso de David. Pode significar apenas um pouco de exercício mental ou pode ser o começo de um estilo de vida completamente novo. Provavelmente é boa ideia experimentar um pouco antes de se comprometer totalmente. Lembre-se que David tinha vindo a tirar cursos na sua escola de formação local. No início, tirou cursos de informática, quando sentiu que não estava a conseguir acompanhar os jovens no seu departamento na Câmara. No entanto, todos os semestres, quando verificava a lista de aulas, encontrava outros cursos que lhe pareciam interessantes. Gradualmente, em especial quando os cursos que queria não estavam disponíveis, começou a envolver-se mais profundamente e experimentou disciplinas de que não sabia absolutamente nada. Nalguns casos, concluiu que tivera razão em evitá-los, mas noutros descobriu interesses e aptidões novas.

Quando David se demitiu do seu trabalho a tempo inteiro, tinha um novo objectivo de carreira e oito horas por dia em que não estava ocupado. Como tinha um objectivo claro e queria preparar-se para uma posição como professor de Inglês tão depressa quanto possível, matriculou-se como estudante a tempo inteiro. Por seu lado, Stan sempre estivera interessado em línguas. Mais uma língua era, para ele, como um "abre-te sésamo!" para uma cultura diferente e fascinante. Viajar para lugares longínquos é muito mais interessante quando se pode falar com os habitantes locais sem necessidade de um tradutor. Podem fazer-se amizades novas e ver em primeira mão como se vive. É possível alcançar-se um objectivo destes sendo um estudante a tempo parcial.

Alguns de meia-idade começam como estudantes a tempo parcial, de forma a terem bastante tempo e energia para dedicar às suas aulas. Quando se tornam mais confiantes nas suas capacidades, aumentam gradualmente o seu horário académico. É importante que as suas primeiras incursões no mundo académico sejam agradáveis e bem sucedidas. Tenha cuidado para não ficar sobrecarregado com trabalho. Se empreender demasiado quando está a começar, pode ficar desencorajado e pensar que não foi feito para a sala de aula – uma conclusão que pode estar bem longe da verdade.

Quando acorda o cérebro?

Antigamente, nos velhos tempos em que era aluno na escola secundária ou na universidade, tinha muito mais energia do que tem agora, mas mesmo assim havia alturas em que não se encontrava no seu melhor. Por exemplo, sabia que não era uma pessoa madrugadora e evitava as aulas das oito da manhã, ou então dormitava na parte da tarde quando as aulas eram menos estimulantes. Agora que está mais velho, perdeu alguma dessa vivacidade juvenil e os "tempos baixos" aumentaram.

É importante ter em consideração os seus níveis de energia e agendar as aulas e os períodos de estudo para as alturas em que o seu cérebro está a trabalhar. Muitos verificam ser difícil ir para as aulas depois de um dia inteiro no escritório. Se for uma pessoa que só quer enroscar-se num sofá depois de um dia de trabalho, porque não frequentar uma aula durante a hora de almoço e trabalhar um pouco mais ao fim do dia? Experimente com horários diferentes para tirar o maior partido possível das suas aulas – mas assegure-se de que o seu chefe aprova quaisquer alterações ao seu horário de trabalho. A última coisa de que precisa quando está à procura de emprego são más referências. Lembre-se também que alguns institutos e universidades oferecem aulas aos fins-de-semana. Condensam toda a matéria de uma disciplina entre sexta-feira e domingo. Para alguns esta é a maneira ideal de aprender uma disciplina; para outros significa exaustão.

Precisa de um sistema de apoio

A maioria dos institutos e das universidades têm centros de assistência e apoio académicos que não são totalmente utilizados. Só na época de exames é que se encontram cheios de estudantes que de repente perceberam que estão em apuros. Se não tem a certeza da sua capacidade para tirar cursos superiores, talvez seja uma boa ideia marcar reuniões regulares com um conselheiro ou um tutor. Familiarize-se com os programas de tutoria e outros programas de apoio e descubra quais os elementos da equipa que melhor entendem as necessidades dos estudantes mais velhos. Regra geral, os conselheiros mais velhos percebem melhor os estudantes mais velhos, mas nem sempre é assim. Existem sempre pessoas com quem vai conseguir comunicar melhor do que com outras. Pode começar por aparecer numa altura conveniente e por se reunir com quem estiver disponível. Depois de descobrir alguém que percebe as suas necessidades, estabeleça reuniões regulares com ele ou ela.

Muitos estudantes mais velhos gostam de ter um tutor que reveja a escrita dos seus relatórios e dos seus artigos de investigação. Pensam que, como nos últimos 30 anos não escreveram mais nada a não ser cartas comerciais, podem ter-se tornado descuidados com a gramática ou ter problemas em escrever de forma coerente. Se pensa que se enquadra nesta categoria, talvez queira tirar um curso de escrita, enquanto ainda está a trabalhar no emprego antigo.

Ficar em forma

Muitos institutos superiores e universidades nos EUA oferecem aos seus alunos instalações para fazer exercício físico. Oferecem gratuitamente (ou por um custo nominal) equipamento sofisticado de exercício, como tapetes de corrida, bicicletas fixas e aparelhos de *step*. Muitos centros de *fitness* em alguns *campus* têm piscinas olímpicas interiores. Enquanto está ocupado a mudar o seu estilo de vida, não se esqueça que uma boa saúde é um dos seus objectivos mais importantes. Não perca esta maravilhosa oportunidade para ficar em boa forma. Há quem pague mensalidades caríssimas para usufruir de centros de *fitness* e *spas*, enquanto o leitor tem acesso a instalações extraordinárias a uns passos da sala de aula. Pode fazer um treino rápido ou mergulhar na piscina sempre que estiver no *campus*.

Estime a sua identidade de estudante

Embora existam muitas mais razões importantes para regressar à sala de aula, não se esqueça que conquistou direito a uma grande variedade de benefícios de estudante. A sua identificação como estudante dá-lhe o direito a preços especiais e descontos em muitos dos bens e serviços de que necessita. Os tesouros que irá encontrar na livraria da universidade são particularmente atraentes. Sabe que a maioria das empresas informáticas produz versões para estudante dos seus programas informáticos, muito semelhantes às versões mais caras dos mesmos? Veja, por exemplo, o pacote do Microsoft Office. O preço para a edição profissional é de cerca de 500 dólares; a versão para estudante, que é praticamente idêntica, está disponível para quem comprove ser estudante por menos de 200 dólares. Muitas universidades negoceiam com produtores de programas de *software* preços ainda melhores e podem até oferecer alguns (por exemplo *software* antivírus) gratuitamente aos seus alunos.

Em resumo

No entanto, não se regressa à sala de aula para se ter melhores descontos em *software*, bilhetes de avião ou nas sessões de cinema. O importante aqui é o próprio leitor e como se sente. Como alguém de meia-idade, pode contar viver muitos anos para além dos 60 e vai querer que estes sejam os melhores da sua vida. As pessoas felizes crescem e modificam-se com cada ano que vivem. Não cruzam os braços e ficam a ver o mundo passar por elas. Pense um pouco naqueles que conhece da geração dos seus pais. Alguns já eram velhos aos 60 anos, enquanto outros continuavam interessados na vida, a planear novas aventuras e a investigar novas ideias. Voltar à escola não é a única maneira de permanecer ligado à vida, mas muitos de meia-idade dir-lhe-ão que para eles foi isso que fez toda a diferença.

Capítulo 11
Brilhar na entrevista

AO LONGO DA SUA CARREIRA PROVAVELMENTE já foi a uma dúzia ou mais de entrevistas de emprego. Deve ter-se preparado cuidadosamente para cada uma delas e até seguido alguns dos conselhos dos muitos livros de "como fazer" sobre este assunto. Muita desta experiência e conselhos são ainda úteis para si, mas existem alguns obstáculos novos que os profissionais de meia-idade têm de enfrentar.

No Capítulo 8, melhorou a sua imagem no emprego, actualizando-a para que esteja mais alinhada com a imagem dos mais jovens no mundo empresarial. Olhou para si mesmo de uma forma honesta, passou a ter cuidado com a sua dieta, estabeleceu um regime de exercício físico e, de uma maneira geral, começou a melhorar a sua saúde e a sua aparência física. Embora aparente ter a idade que tem, a primeira impressão do entrevistador deve ser a de uma pessoa de meia-idade saudável, bem vestida e entusiasta, que se enquadrará confortavelmente numa organização.

O que esperar

Numa entrevista típica para emprego, um gestor experiente entrevista um candidato jovem e menos experiente. Neste caso é ao contrário. O leitor, um veterano experiente, vai ser entrevistado por um homem ou uma mulher mais jovem, que provavelmente só tem uma fracção da sua experiência. No passado, encorajavam-no a tentar impressionar o entrevistador com as suas competências e experiência. É óbvio que ainda é importante parecer competente; mas, se exagerar, pode acabar por monopolizar a entrevista e aborrecer o entrevistador com um monólogo infindável. Nos livros de "como fazer" aconselham-no a desviar o rumo da entrevista, sempre que necessário, para salientar as suas qualificações. Mas à medida que se envelhece, mais experiência se adquire – muita da qual não terá grande ligação ao emprego a que se está a candidatar. Na sua ansiedade para parecer o candidato mais bem qualificado pode, pelo contrário, dar uma imagem de "sabichão", que fala de mais e que insiste em fazer as coisas à sua maneira.

Aperfeiçoar as suas respostas

Da mesma forma que foi necessário "esculpir" o seu currículo para uma versão mais pequena e viável, também vai ter de "esculpir" as respostas que vai dar na entrevista. Das suas competências, cursos e experiências de trabalho, quais são directamente relevantes para este emprego? O que pode ser feito para as fazer soar como se fossem etapas de uma carreira que o trouxeram a este cargo em particular? Escolha apenas algumas. Está em vantagem em relação a candidatos mais jovens, porque pode seleccionar a partir de uma longa carreira. Escolha cuidadosamente os pontos que deseja transmitir. Se não souber exactamente o que o emprego envolve, mantenha uma ou duas experiências de reserva, mas não ceda à tentação de se exibir durante a entrevista. Não se lance numa enumeração de experiências passadas e assegure-se de que responde directamente às perguntas feitas. É verdade que pode ter de incluir informação que não tenha sido solicitada, mas mantenha este tipo de contribuições no mínimo. Se aborrecer o entrevistador, certamente não será recordado como sendo o melhor candidato.

Projectar confiança

Possivelmente, a melhor maneira de ir para uma entrevista é com a forte convicção de que é de longe o melhor candidato, o candidato absolutamente perfeito para esta posição. Por uma estranha coincidência, este é também o emprego ideal para si. Se conseguir projectar convicção sem parecer demasiado confiante, provavelmente vai conseguir o emprego. Lembre-se que não é demasiado bom para o trabalho; é exactamente o candidato certo. Não é subqualificado nem tem qualificações a mais. Este é exactamente o emprego certo para si. É uma oportunidade maravilhosa que tem todo o prazer em aceitar. Tanto o empregador como o leitor têm a sorte de se terem encontrado um ao outro e grandes coisas irão acontecer fruto desta relação.

É claro que não vai transmitir esta ideia nestas palavras. Isto deve estar implícito na sua atitude, no seu entusiasmo e na sua autoconfiança descontraída. Mas tudo de forma moderada e com um pouco de prudência.

Evitar o excesso de confiança

Enquanto a confiança discreta lhe vai dar pontos, a confiança inoportuna, cheia de opiniões e em demasia deve ser evitada. Recentemente conheci uma mulher com uma experiência impressionante em serviços sociais, mas que perdeu o emprego numa reestruturação estratégica. Embora tenha recebido prémios pelo seu trabalho, pura e simplesmente não consegue arranjar outro emprego. Uma mulher enérgica e confiante, ela revela confiança quando vai a uma entrevista de emprego. Para me provar que era vítima de discriminação, fez-me uma descrição minuciosa da sua última entrevista.

Embora não tenha presenciado a entrevista, não consigo imaginar o entrevistador a dizer mais do que meia dúzia de palavras. Assim que a mulher começou a falar, pura e simplesmente assumiu o comando. Se o leitor fosse o entrevistador, duvido que tivesse ficado bem impressionado. Iria interrogar-se como é que seria possível dar formação a esta pessoa para se tornar uma colaboradora produtiva. Se tinha tendência para dominar toda a conversa, como é que alguma vez poderia fazer parte de uma equipa? Como chefe, valoriza a independência e a iniciativa; mas do que precisa é essencialmente de um elemento da equipa que faça o trabalho dentro dos parâmetros estabelecidos. Esta candidata iria certamente reestruturar a função de acordo com as suas próprias especificações.

É claro que por vezes não acreditamos realmente que o emprego seja o melhor para nós nem que nós sejamos o melhor candidato para o emprego. Depois de várias entrevistas sem sucesso, a sua confiança pode estar em baixa e as dúvidas podem estar a ensombrar a sua personalidade para a entrevista. Nesse caso, vai ser necessário socorrer-se das suas competências como actor, controlando as suas dúvidas e inseguranças durante uma hora ou duas. Por outras palavras, finja. No entanto, se não conseguir sentir algum entusiasmo, talvez este não seja mesmo o trabalho certo para si.

Criar afinidade com o entrevistador

Muitos candidatos de sucesso desenvolveram o que se pode chamar uma consequência desta estratégia. Não só este emprego é perfeito mas, por uma coincidência espantosa, o candidato e o entrevistador são notavelmente compatíveis. A afinidade é instantânea e não conseguem imaginar outra pessoa com quem gostassem mais de conversar. No centro desta estratégia está a noção de que todos gostam que gostem deles. Ao tornar subtilmente evidente ao entrevistador que está encantado por encontrar alguém tão inteligente e simpático a fazer a entrevista, ganha vários pontos. Na verdade, até pode nem achar o entrevistador uma pessoa encantadora e, na sua ansiedade, não está certamente a pensar em camaradagem ou amizade. Mas lembre-se que, quanto mais agradável for a experiência para o entrevistador, mais entusiasticamente ele ou ela olhará para o seu currículo.

Muitos empregadores não gostam de entrevistar candidatos. Sabem que apenas um vai ficar com o emprego e que os outros vão ficar desiludidos. A maioria sente-se culpada por ter desiludido a maior parte das pessoas que entrevistou. Tendo isto em mente, tenha cuidado para não inquirir o entrevistador sobre as suas hipóteses de ficar com o emprego. Não formule as suas respostas em termos de "devia dar-me este emprego porque..." Embora seja exactamente isso que está a tentar transmitir, faça as suas perguntas e comentários de uma forma mais objectiva e menos pessoal. Não peça nada e não diga ao entrevistador o que ele deveria fazer.

Como é importante que o entrevistador aprecie a entrevista, sorria com frequência. Junte um pouco de humor quando for apropriado e é frequentemente boa ideia fazer um pouco de troça de si mesmo. Uma entrevista deve incluir uma certa medida do que, noutros contextos, poderia ser chamado de gabarolice e o humor pode tornar claro que não é demasiado vaidoso ou que não tem uma visão exagerada das suas capacidades. Se ao recordar a entrevista se conseguir lembrar de momentos em que ambos se riram confortavelmente, isto é um bom indicador de sucesso. Brincar com o entrevistador ou com a organização é geralmente perigoso, porque é uma pessoa de fora. Não conhece o terreno e pode acidentalmente tocar num tema sensível. Brincar com figuras políticas ou com controvérsias actuais também pode ser perigoso. É quase sempre seguro fazer humor autodepreciativo, desde que não pareça estar a rebaixar-se. Torne claro que se sente bem na sua pele, mas que não se leva demasiado a sério.

Focalizar-se na experiência recente

Embora não deva deliberadamente apresentar-se de uma forma enganadora, é importante parecer tão semelhante quanto possível a um candidato mais jovem. Com isto quero dizer que deve salientar mais ou menos a mesma quantidade de experiência. Por uns momentos, recorde-se como era quando se sentava na cadeira do entrevistador. Se um candidato lhe descrevia uma enorme lista com os diferentes empregos, não ficava com boa impressão. Em vez disso, provavelmente suspeitava que se tratava de alguém que saltava de emprego em emprego, quer voluntariamente quer porque o convidavam a sair. No seu caso, adquiriu estas experiências variadas não porque andou a saltar de emprego em emprego, mas porque já tem uma longa carreira. Mesmo assim, o entrevistador pode não tomar esse facto em consideração.

Ao decidir quais os empregos a salientar, retire-lhes quaisquer pistas sobre a época em que os teve. Não se ponha a lembrar os computadores *mainframe* ou outros equipamentos que já não se usam. A terminologia também muda ao longo dos anos, portanto tenha cuidado na forma como descreve processos e procedimentos. As competências que descrever devem parecer as que vai precisar de utilizar amanhã quando começar o emprego e não lições de História.

Saber quando falar e quando ouvir

Já reparou que quanto mais velho se fica, mais se fala? Muitos tornam-se mais faladores com o passar do tempo. Têm mais histórias para contar e gostam de o fazer. Esta é uma das muitas formas em que nos diferenciamos dos candidatos mais jovens, que têm menos para dizer. Eles podem estar mais nervosos durante uma entrevista e mais intimidados pelo entrevistador. De facto, podem até não dizer mais nada a não ser responder às perguntas que lhes fazem.

Embora ainda precise de dirigir subtilmente a entrevista, assegurando-se de que tem a oportunidade de se apresentar como a pessoa certa para o emprego, um candidato mais velho pode facilmente intimidar um chefe mais jovem. Se tomar abertamente controlo, pode acabar por fazer o entrevistador sentir-se desconfortável. Um longo monólogo cobrindo todas as suas experiências do passado é aborrecido e provavelmente irrelevante. O seu objectivo não é descrever ao entrevistador a pessoa maravilhosa que é, mas sim como se vai enquadrar na organização. O seu chefe mais jovem tem de ser capaz de o ver como um subordinado, que aceita instruções e que será um bom elemento da equipa.

Pensar jovem

Além de ser importante minimizar as diferenças entre o leitor e os candidatos mais novos, também é uma boa ideia encontrar maneira de se parecer com o entrevistador. Lembre-se mais uma vez de que as pessoas naturalmente contratam outras que se assemelham a elas. Primeiro, imaginam-se a fazer elas mesmas o trabalho e depois procuram alguém que encaixe na sua imagem mental. A sua tarefa é minimizar as diferenças e salientar como se assemelha ao entrevistador. Isto, claro, significa desconstruir a diferença de idades, mas também que deve tornar evidente que abordam o trabalho da mesma forma – partilham os mesmos valores, prioridades e interesses.

Controlar a "tagarelice" provocada pelos nervos

Isto faz-me lembrar um amigo que tinha sempre imensas dificuldades nas entrevistas para empregos. Uma vez contratado, geralmente trabalhava bem e era promovido com frequência. Contudo, conseguir entrar era sempre um desafio. Não é difícil descobrir a razão. Mesmo quando era novo, já falava de mais. Uma situação de *stress* parecia provocar-lhe um fluxo inesgotável de palavras.

Nunca estive presente numa das suas entrevistas, portanto não posso ter a certeza; mas consigo imaginá-lo a passar a imagem de um entediante vendedor de carros. Os vendedores insistentes já tinham uma péssima reputação muito antes do *telemarketing*. Quando receamos estar a ser impelidos a fazer uma coisa que não queremos, as nossas defesas erguem-se imediatamente. Em vez de fazer toda a conversa, encoraje o entrevistador a falar também. Antes da entrevista, releia toda a informação que tiver sobre a função e sobre a organização. Pense em diversas respostas apropriadas e tenha-as prontas para os momentos em que o entusiasmo do entrevistador parece estar a desvanecer. Reavive a entrevista não com os seus próprios comentários, mas sim com as suas perguntas.

Fazer amigos e influenciar pessoas

Embora não seja desejável uma reticência excessiva numa entrevista, os entrevistadores podem na realidade preferir um candidato que os deixe falar a maior parte do tempo. Já há muito tempo que se sabe, mesmo antes de Dale Carnegie a ter tornado uma expressão comum, que a melhor maneira de "fazer amigos e influenciar pessoas" é deixá-los falar. Mais uma vez, lembre-se do tempo em que se sentava na cadeira do entrevistador. Provavelmente ficava impressionado com os candidatos que partilhavam a sua visão do emprego. Se fosse possível ouvir uma gravação dessas entrevistas, poderia descobrir que, embora eles tenham sido competentes e tenham respondido às suas perguntas, aquilo que os colocou no topo foram as expressões entusiásticas e os frequentes gestos de concordância.

Da mesma forma, lembre-se que ao longo dos anos desenvolveu opiniões seguras. Decida quais delas podem ser apresentadas numa entrevista e quais poderiam dar origem a reacções negativas. Como todos gostamos de falar, principalmente de nós próprios, podemos inconscientemente ver na entrevista uma oportunidade para discutir as nossas opiniões sobre política, assuntos actuais e até religião. Há alguns anos, estava a entrevistar um candidato mais velho para um emprego. Tive a impressão que o pobre homem precisava que alguém o ouvisse. Foi impossível manter o curso da entrevista e acabei por me ver forçada a terminá-la abruptamente. Quando fui capaz de tornar claro que tinha outras coisas para fazer, já tinha ouvido as suas opiniões sobre todas as questões controversas desde a Segunda Guerra Mundial, incluindo um enorme discurso sobre o triste estado do mundo moderno.

Deixe-me ainda avisá-lo contra qualquer discussão sobre os bons velhos tempos. Os candidatos mais novos ainda não andavam por cá durante esses bons velhos tempos, portanto está imediatamente a chamar a atenção para as vossas diferenças. Muito provavelmente, o entrevistador também ainda não andava por cá, portanto fica logo catalogado como um "velho excêntrico". Sempre que possível, concentre-se no presente e no futuro, assegurando que este será brilhante. Se pensa que o mundo está perdido, não o diga.

Lembrar-se de ser humilde

Anteriormente descrevi profissionais de meia-idade infelizes que costumavam ser importantes. Como se lembrará, estas eram pessoas que tinham tido posições relativamente destacadas no passado. Elas continuam a medir o sucesso pela sua posição anterior na hierarquia empresarial. Por favor, por favor não diga ao entrevistador que costumava ser "alguém importante". Tomou a decisão de sair do mundo competitivo e de encontrar um emprego que realmente aproveita os seus talentos e corresponde às suas necessidades. Os entrevistadores mais novos têm dificuldade em perceber esta opção, pois ainda estão na fase de tentar estabelecer a sua posição nessa hierarquia. Por isso, se insistir em falar de todos os empregos importantes que teve, vai ser visto como um falhado. Vai dar uma imagem de si mesmo como um "já foi" quando é exactamente isso que não é.

Está a iniciar uma fase nova e altamente compensadora da sua vida. Não precisa de tentar convencer os entrevistadores de que foi "alguém importante", porque eles não estão à procura de um emprego importante. O seu passado pode ser útil para si agora, porque lhe permitiu desenvolver competências e conquistar experiências que o prepararam para esta nova fase da sua vida. Destaque essas competências e não as posições em si. Geralmente, a maioria dos supervisores não quer contratar subordinados que já tiveram, eles mesmos, posições de topo. Com alguma justificação, acreditam que colaboradores assim irão ser difíceis de supervisionar. O que eles pretendem é colaboradores que aprendam o trabalho rapidamente; portanto, experiência do passado é útil. Assim, a sua experiência do passado tanto o pode ajudar como o pode prejudicar.

O telefonema pré-entrevista

Embora os chefes frequentemente agendem entrevistas telefónicas, eles mesmos (não os seus assistentes) podem também telefonar-lhe sem aviso. As razões que dão podem incluir o facto de pretenderem clarificar as suas qualificações ou saber quando estaria livre para uma entrevista. De facto, podem mencionar uma série de motivos para o telefonema, mas a verdadeira razão é que queriam ter uma impressão rápida de quem é o candidato. Estes empregadores, geralmente de uma forma errada, imaginam que, se conseguirem falar consigo durante uns minutos, ficarão instintivamente a saber se vale a pena ou não convocá-lo para uma entrevista. Possivelmente a sua candidatura acabou de chegar à secretária deles; os seus olhos param no seu número de telefone. O que poderia haver de mais natural do que agarrar no telefone e ligar?

Quando está numa situação difícil

Do seu ponto de vista, era melhor não ter sido posto nesta situação desta forma, mas agora não tem escolha. Vai precisar de um plano para lidar com uma chamada inesperada e a primeira parte do plano é uma alteração na maneira como atende o telefone. Enquanto estiver à procura de emprego, certifique-se de que o seu atendedor de chamadas ou correio de voz comunica a imagem certa. Combine com os outros membros da sua família para que a voz que vai ser ouvida na mensagem de acolhimento seja a sua e que seja agradável e profissional. Não vai dizer piadas nem vai ter música e vai gravar a mensagem assegurando-se de que conseguiu eliminar qualquer ruído de fundo. Se puser mais do que um contacto telefónico no seu currículo, certifique-se de que quem telefona recebe a mesma mensagem de acolhimento, independentemente do número para que ligou. Se ainda não tem um telefone que permite a identificação dos números, agora é altura de o comprar. Assim, vai também saber quem ligou, mesmo que não deixe mensagem.

Depois de ter tratado das chamadas que não pode atender, o que fazer com as chamadas que recebe? Comece por analisar a forma como geralmente atende o telefone. Nos últimos anos, muitos começaram a atender o telefone com uma voz claramente desconfiada, como se estivessem à espera de uma chamada de *telemarketing* ou de intromissões indesejadas. Uma voz destas não é aquela que um potencial empregador quer ouvir. Enquanto durar a sua procura de emprego, atenda o telefone com uma voz calorosa e bem modulada. Vai dar uma alegria aos operadores de *telemarketing*, mas vai também transmitir uma imagem positiva de si mesmo a empregadores que lhe telefonem. Estas primeiras palavras podem fazer toda a diferença.

Esperar o inesperado

O que vai dizer depois de "Estou"? Mais uma vez, mantenha a sua voz calorosa e bem modulada. Aparente estar familiarizado com o nome de quem telefona, mesmo que tenha enviado dezenas de candidaturas e não se lembre bem dos destinatários. Quando ligarem, demonstre estar contente por o terem feito, mesmo que a chamada venha numa altura pouco conveniente. Se não puder falar (por exemplo, se lhe telefonarem para o emprego) o seu desafio está em dar a entender a quem telefonou que gostaria muito de falar, mas que vai ter de o fazer mais tarde. Tente combinar uma altura conveniente para os dois, quando ambos estiverem livres, e faça um esforço para ser aquele que inicia a chamada. Ocasionalmente, quem ligou vai dizer que não vale a pena devolver a chamada. Neste caso, provavelmente vai ter de esquecer a prudência e tirar partido desta oportunidade para causar uma boa impressão. Isto leva-nos à questão dos telemóveis e das linhas fixas. Em geral, os telemóveis não são muito fiáveis para entrevistas telefónicas. Pode ficar sem rede quando está a transmitir a ideia mais importante. Contudo, os empregadores geralmente telefonam durante as horas de serviço, quando é provável que esteja ainda no emprego. Se depender do seu telefone de secretária, pode não haver maneira de conseguir falar sem audiência. No entanto, se tiver um telemóvel pode sair do escritório e continuar a conversa. Se lhe perguntarem mais tarde alguma coisa, pode dizer que teve de sair do escritório porque tinha pouca rede.

Esteja preparado

Mas vamos partir do princípio que tem liberdade para falar. Como tem muito investido nesta chamada, vai querer deixar ao acaso tão pouco quanto possível. Vai precisar de uma espécie de "folha de batota" junto do telefone. Claro que é difícil ler e conversar ao mesmo tempo, de maneira que esta deve ser uma breve lista dos empregos a que se candidatou, das organizações e das pessoas a quem enviou o seu "pacote" de candidatura. Se teve tempo para pesquisar alguma coisa, faça um resumo em forma de pontos. Tem de ser capaz de olhar para ela sem perder o fio da conversa telefónica. Considere ter a sua "folha de batota" num caderno guardado por baixo do telefone. Certifique-se de que tem uma caneta e papel em branco à mão, porque pode querer tirar notas durante a chamada.

Agora sente-se! Se possível atenda o telefone na sua secretária, para poder estar sentado numa cadeira confortável e ter uma superfície sólida para escrever. Não ande de um lado para o outro com o telefone sem fios. De facto, deve preferir atender a chamada num telefone dos antigos, em que o auscultador se encontra ligado por um fio à base do telefone. Evite atender o telemóvel se estiver a conduzir, pois a chamada vai requerer a sua atenção total. Se não quer arriscar perder esta oportunidade, encoste o automóvel à berma ou entre num parque de estacionamento.

Como não está preparado para a chamada, é mais fácil deixar que seja quem ligou a fazer a conversa. Escreva diversas perguntas gerais e tenha-as à mão no tal caderno. Responda com bastante entusiasmo e deixe bem claro que a sua experiência se encaixa perfeitamente (ou quase perfeitamente) nas necessidades de quem ligou. Lembre-se, contudo, que a razão pela qual lhe ligaram foi para determinar se está "bem" – e "bem" significa, em grande medida, simpático. Tem de ser o género de pessoa com quem aquele que ligou gosta de falar. As qualidades que tem de comunicar, independentemente do rumo que a conversa tomar, são simpatia e entusiasmo.

A entrevista-relâmpago

Se for buscar ou entregar pessoalmente os documentos de candidatura, pode ter também a oportunidade inesperada de conhecer o chefe. Muitos candidatos desprevenidos, vestidos de forma informal com calças de ganga e *t-shirt*, resolvem, a caminho da mercearia, entrar um instante só para ir buscar os documentos de candidatura. E, de repente, dão de caras com o gerente ou com outra pessoa com poder de decisão que irá avaliar as candidaturas. Ainda que geralmente nestas circunstâncias não se encontre mais ninguém a não ser a recepcionista, não arrisque. Não tem de usar o seu melhor fato, mas certifique-se de que se encontra adequadamente vestido e que pode cumprimentar sem ter de se preocupar com mãos sujas.

Sobreviver à entrevista telefónica

A ênfase actual em equipas no local de trabalho deu origem a uma espécie de entrevistas que é considerada por muitos como sendo a mais difícil. Digamos que se candidatou a um cargo anunciado no jornal. Foi atribuída a uma equipa ou a uma comissão a responsabilidade de escolher um grupo de finalistas que serão então considerados para o emprego. Depois de o anúncio sair no jornal, receberam um grande número de candidaturas e, para poupar tempo, decidiram telefonar aos candidatos que parecem ter as melhores qualificações. Isto não é invulgar; de facto, muitos gestores fazem o mesmo. Contudo, existe uma diferença muito grande entre uma conversa com uma pessoa e uma entrevista com quatro ou cinco aglomeradas em volta de um telefone em alta voz.

A história de uma entrevista telefónica

Para explicar melhor o que quero dizer, imaginemos que na semana passada recebeu um telefonema de uma assistente, que lhe explicou que a comissão de contratação gostaria de falar consigo. Ela perguntou-lhe se estaria disponível para uma chamada em conferência numa determinada hora. O termo "chamada em conferência" é enganador, já que, numa verdadeira chamada em conferência, cada participante está ligado separadamente a partir do seu escritório. Quer porque seja mais simples ou mais barato, as comissões frequentemente preferem juntar-se numa sala com um único telefone. Depois de a chamada ser efectuada, pressionam o botão do altifalante e, subitamente, o leitor está a falar para todo o grupo. Embora isto pareça simples, pode facilmente transformar-se num caos. O cenário que se segue não é assim tão invulgar.

O leitor fez todos os preparativos para estar em casa, sentado ao telefone à hora indicada. No entanto, não acontece nada. (Isto porque a comissão de contratação está ainda a tratar de algumas questões preliminares e ninguém se lembra muito bem como é que funciona o telefone em alta voz). Os seus níveis de ansiedade disparam até que, finalmente, o telefone toca, fazendo com que dê um salto para fora da sua cadeira, enrede os pés no fio do telefone e o deixe cair ao chão com um enorme estrondo.

Levantando o auscultador e tentando desesperadamente controlar a voz, garante ao grupo do outro lado da linha que é realmente o candidato que eles esperam. A presidente da comissão começa então a ler uma declaração introdutória já preparada. A sua é a quarta entrevista naquela manhã, por isso a voz dela começa a assemelhar-se a uma gravação telefónica que lhe diz: "Este número encontra-se fora de serviço." Depois, os elementos da comissão apresentam-se. Consegue ouvir o primeiro, apesar de haver muita estática na linha; o segundo já soa um pouco distorcido e as terceira, quarta e quinta vozes já não são inteligíveis.

Pede-lhes para repetirem, mas, como continua a não perceber, decide que continuar a pedir para repetir o vai fazer parecer uma avó surda.

Alguém diz uma piada (consegue perceber que é uma piada porque o riso se ouve bem e claramente). Apesar de não ter ideia do que foi dito, sente-se obrigado a rir também. Acaba por abandonar qualquer esperança de tentar saber quem são estas pessoas e o que fazem, porque a presidente já está a ler a primeira pergunta preparada. Começa a responder com entusiasmo. Depois de algumas palavras, é interrompido e pedem-lhe para falar mais alto. Começa outra vez, pronunciando claramente e falando alto para o auscultador. Mais uma vez, a sua resposta brilhante é interrompida, enquanto alguém da comissão tenta aumentar o volume do altifalante do telefone.

A maioria das entrevistas telefónicas não corre tão mal como esta. Algumas, por exemplo, são verdadeiras chamadas em conferência e, para além de ter cinco pessoas a repetir "Sou Nancy (ou Henry ou Elizabeth), estão aí?" e "Conseguem ouvir-me bem?", a entrevista prossegue de uma forma mais ou menos normal. Do ponto de vista do empregador, a entrevista telefónica é uma inovação muito útil. As comissões de contratação conseguem reunir imensa informação com um mínimo de esforço. Os currículos podem ser enganadores e é provável que, se dependerem somente de entrevistas no local e diminuírem o número de candidatos para três ou quatro, nenhum dos entrevistados seja o melhor para o emprego. As entrevistas telefónicas permitem às comissões reunir informação adicional sobre dez, 15 ou mesmo mais candidatos. Também fazem um uso eficiente do tempo dos elementos da comissão, porque podem agendar-se vários candidatos para uma única sessão.

Estes factores significam provavelmente que a entrevista telefónica veio para ficar, portanto os profissionais de meia-idade mais sensatos têm de arranjar maneira de sobreviver a elas. Sobreviver significa permanecer na competição até às "meias-finais", ou seja, chegar ao número final de candidatos que são seleccionados para entrevistas pessoais e no local. Como é possível apresentar uma imagem positiva sob condições tão adversas? Como se pode estabelecer afinidade com todos os elementos da comissão de selecção quando não se consegue ouvir o que alguns dizem, não se consegue ter contacto visual e não se pode responder a outras pistas, como gestos e expressões faciais? Como manter o grupo acordado quando eles já vão em sete telefonemas e todos os candidatos já começam a soar ao mesmo? Como consegue evitar entrar numa conversa pessoal com aquele que consegue ouvir melhor, ignorando os restantes?

Preparar-se para a entrevista telefónica

A chave para o sucesso é invariavelmente a forma como se prepara para a entrevista. Lembre-se que todos os outros candidatos partilham o mesmo campo de jogo e passam pelas mesmas dificuldades. Conforte-se com o facto de as entrevistas telefónicas serem mais previsíveis do que as entrevistas no local, que incluem uma componente de casualidade muito maior. Nas entrevistas telefónicas consegue antecipar-se melhor as perguntas e os problemas, podendo preparar-se para cada um deles.

Reconhecer o território ao estilo de "guerrilha"

Comecemos com aquela primeira chamada, geralmente de um assistente ou de um elemento da comissão, encarregue de combinar a entrevista. Como esta chamada geralmente surge do nada, provavelmente vai sentir-se atrapalhado e perplexo. Em resumo, vai sentir todas aquelas emoções que dificultam o pensamento lógico e as respostas inteligentes. No entanto, esta é talvez a sua melhor oportunidade para obter informação sobre a posição e sobre aqueles que o irão entrevistar. Se não se sentir capaz de absorver toda esta informação nesse momento, pergunte se pode ligar mais tarde depois de ter formulado as suas questões.

Peça o nome e o cargo de cada um dos elementos da comissão. Aproveite também para discutir a função com tanto pormenor quanto quem ligou o permitir. Se estiver a conversar com um elemento da comissão, aproveite a oportunidade para divulgar já um pouco sobre si mesmo, mas não exagere. Ele, ou ela, pode sentir que essa informação será mais apropriada para o grupo. Contudo, geralmente está disposto a responder às suas perguntas, desde que estas sejam legítimas e não pareçam uma tentativa de obter demasiada informação. Peça que lhe enviem uma descrição do trabalho, caso ainda não tenha uma. Também vai querer saber quanto tempo a comissão atribuiu à entrevista telefónica. Pode haver um outro candidato agendado para meia hora depois. Nesse caso, vai ter de calcular o seu tempo de forma muito sensata para transmitir a imagem mais positiva no tempo atribuído.

Se quem combina a entrevista for um assistente, pode querer perguntar-lhe se pode telefonar ao presidente da comissão para obter mais informação. Quando telefonar ao presidente da comissão, pode explicar honestamente que por vezes é difícil ouvir numa entrevista telefónica. Não precisa de mencionar que tenciona fazer algum trabalho de detective antecipadamente. (Pode conseguir saber muito, por exemplo sobre a empresa e os seus colaboradores, na Internet. A maioria das organizações têm *sites* e listas de pessoal, portanto pode esclarecer as designações profissionais. Além destes dados, por vezes pode encontrar uma quantidade surpreendente de informação sobre os interesses recreativos e filiações profissionais dos elementos das comissões, fazendo uma procura no Google com os seus nomes entre aspas).

Como a entrevista por telefone em alta voz é a mais difícil, vamos presumir o pior. Se se vir a participar numa chamada em conferência, melhor. Seja como for, vai ter apenas uma oportunidade limitada para interagir com a comissão, portanto vai ter de antecipar o lado deles da conversa e preparar-se para ela. Lembre-se que as entrevistas telefónicas são mais estruturadas do que as entrevistas "ao vivo e em pessoa". As comissões querem utilizar o seu tempo com eficácia e também ser escrupulosamente justas com todos os candidatos. Também descobriram que longas pausas são mais desconfortáveis ao telefone.

Entrevistar a partir de casa

As entrevistas telefónicas tendem a ser caóticas. De um lado ouve-se; do outro lado não se ouve. Certifique-se de que não existe nada do seu lado da linha a aumentar a confusão. Isto quer dizer que tem de preparar o cenário com cuidado. Planeie estar em casa para receber a chamada. Pode falar mais à vontade do que no escritório e consegue controlar melhor o seu ambiente. Se possível, escolha uma altura em que os outros membros da família não estejam em casa. Certifique-se de que não tem cães a ladrar no pátio das traseiras. Depois decida onde vai atender a chamada. Escolha uma secretária ou uma mesa e uma cadeira confortável. Coloque o telefone bem no centro da mesa, para que não caia ao chão a meio da entrevista. Se o seu telefone for sem fios, certifique-se de que a bateria está completamente carregada e coloque-se junto da base para que a ligação seja boa e sem interferências. Evite usar um telemóvel, se possível. Nunca se sabe quando a ligação vai cair.

Arrume a secretária ou a mesa e afaste tudo o que não tiver a ver com a entrevista. Depois de ter pesquisado a organização, será bom ter esta informação à mão durante a entrevista. Também vai necessitar de um bloco e de uma caneta para tirar notas, bem como de um copo de água para o ajudar no caso de a sua voz começar a ficar rouca. Se está a constipar-se, antecipe-se a um ataque de tosse com rebuçados para a garganta.

Finalmente, depois de toda a sua preparação, o telefone toca. Um grupo de pessoas está sentado numa sala do outro lado da linha. Tem de partir do princípio que cada uma delas vai ter um papel decisivo na selecção, portanto vai querer estabelecer uma relação com todas. Se estivesse presente fisicamente, iria sorrir, estabelecer contacto visual e utilizar gestos para as envolver na conversa. Nada disto é possível numa entrevista telefónica. A relação só pode ser estabelecida com o som da sua voz através de um fio.

À medida que cada um dos elementos da comissão se apresenta, repita o nome e a designação ou função (que já deve ter escrito à sua frente). Depois faça uma pergunta rápida ou um comentário que indique a sua familiaridade ou simpatia em relação à sua área de responsabilidade. Por vezes, o presidente lê simplesmente os nomes como uma parte da introdução e continua para a primeira pergunta. Estabelecer uma afinidade com a comissão é demasiado importante para desperdiçar esta oportunidade. Explique que quer certificar-se de que ouviu correctamente (utilize a desculpa de a ligação estar má), repita os nomes e faça essas perguntas rápidas. Tenha preparadas questões adicionais para cada pessoa, mas não as atire à comissão todas de uma vez. Introduza-as ao longo da conversa e use-as para revitalizar a discussão quando esta parecer estar a arrastar-se. Pode não conseguir ouvir a resposta inteira, mas tente apanhar um ou dois pontos que lhe interessem.

Estabelecer a atitude correcta

É sempre difícil saber se deve ou não pedir para repetirem perguntas ou comentários. Algumas repetições são necessárias ou poderá sentir-se como se estivesse a falar para si mesmo. Por outro lado, demasiadas repetições podem destruir completamente o ritmo da conversa. Quer manter uma atmosfera propícia a uma experiência de grupo que seja agradável e entusiástica. A sua preparação vai ajudar a enquadrar as palavras que conseguir ouvir com aquilo que já sabe, reduzindo o número de repetições e permitindo-lhe preencher a maioria das lacunas. Embora seja uma boa regra deixar a comissão fazer a maior parte da conversa, pode dar por si a falar de mais porque ouve de menos. Muitas vezes dá-se o caso de a comissão o conseguir ouvir porque a sua voz está a ser amplificada pelo altifalante, mas o contrário não se verifica. Mesmo assim, evite monólogos.

A entrevista presencial

Excepto quando existem poucos candidatos, o empregador tem de diminuir o grupo de talvez uma dúzia de candidatos potencialmente aceitáveis para possivelmente três ou quatro finalistas. Quando for chamado para uma entrevista, é importante saber se é um dos candidatos do grupo maior ou se já é um finalista que vai receber mais tempo e atenção da parte do entrevistador. Vai ter de criar uma impressão rápida e positiva. Tem de tornar claro desde o início que vale a pena chegar a finalista. Como vai fazê-lo?

Melhorar a sua imagem

As pessoas mais jovens por vezes imaginam que as com mais idade são todas frágeis e doentes. Tal como uma criança considera velhos todos os que tenham mais de 30 anos, os chefes jovens podem considerar caquécticos todos os que tenham mais de 60. Claro que vai projectar a imagem de um adulto maduro, mas tem também de ser uma imagem enérgica e saudável. Torne óbvio para o entrevistador que está fisicamente apto para as exigências do emprego:

- Quando se sentar, não se deixe cair na cadeira.
- Quando se levantar, não dê a impressão de que precisou de um imenso esforço para se endireitar. Muitos sofrem de artrites e, portanto, podem ter algum desconforto quando mudam de posição. Contudo, a não ser que o seu caso seja grave, provavelmente consegue levantar-se de uma cadeira graciosamente e com aparente facilidade.
- Apresente uma imagem de si mesmo como sendo fisicamente activo e interessado em ideias novas. Por exemplo, se lhe perguntarem sobre os seus passatempos, tente incluir algo que exija algum esforço físico. Os interesses que envolvem interacções consideráveis com outros são também bons exemplos para se incluir, mas os grupos que mencionar não devem incluir cidadãos da terceira idade.
- Tente dormir o suficiente na noite anterior à entrevista e esconda quaisquer sinais de cansaço. Não boceje nem se encoste demasiado na cadeira.
- Mantenha a sua voz clara e bem modulada.

Pode pensar que "isto é injusto", quando se lembra do seu neto adolescente que simplesmente se deixa cair em qualquer peça de mobiliário como se não tivesse qualquer osso. Sim, é injusto, mas está a ser julgado por padrões diferentes. A sociedade pressupõe que os jovens têm uma energia inesgotável e que os mais velhos estão no seu último suspiro. Neste manual de "guerrilha", tratamos o mundo tal como ele é e não como gostaríamos que fosse. Cada profissional de meia-idade que triunfa numa entrevista de emprego, começa uma segunda carreira com êxito e se torna um bom colaborador vai tornar tudo um pouco mais fácil para o candidato mais velho que se seguir.

Antecipar as perguntas da entrevista

Quer tenha sido convocado para uma entrevista extensa ou para uma breve visita para diminuir os candidatos, as perguntas tendem a ser muito previsíveis. Se não confiar na sua capacidade para as prever, muitos livros e artigos de revistas indicam as mais comuns. Faça a sua própria lista de potenciais perguntas, adicionando alguma que pense que o seu currículo pode gerar. Imagine que é um entrevistador a olhar criticamente para o seu currículo. Quais são as perguntas mais negativas que pode sugerir? Como as pode utilizar como uma oportunidade ou um trampolim para apresentar informação positiva sobre si mesmo? Pode mesmo preparar uma resposta escrita para cada pergunta. Depois faça um esboço dos pontos principais e memorize-os. Deixe-me salientar aqui a palavra "escrita". As suas respostas devem ser redigidas quando se sentir descontraído, positivo e optimista sobre si mesmo e sobre as suas hipóteses de conseguir o emprego. A tensão da entrevista pode causar-lhe pânico. Sem um esboço escrito, a sua preparação tão cuidadosa pode ir por água abaixo.

Pesquisar sobre o emprego e a organização

Pelo menos algumas das perguntas irão depender do seu conhecimento sobre o trabalho e a organização. Quanto mais souber, melhor consegue perceber as necessidades do empregador. Isto significa que vai ter de fazer algum trabalho de detective. Antes de enviar a sua candidatura fez alguma pesquisa preliminar sobre a organização, de forma a ter uma vantagem. Que mais pode agora saber? Analise a descrição da função e o anúncio. Que tipo de pessoa pretendem? Embora uma parte do anúncio consista em linguagem de recursos humanos, copiado palavra por palavra de vagas anteriores, existem certamente muitas pequenas diferenças que revelam as prioridades do empregador. É claro que querem alguém que "caminhe sobre as águas", mas o que significa isso na vida real? No fundo das suas mentes existe provavelmente uma imagem e, se procurar pistas, irá encontrá-las. Se a descrição do emprego foi actualizada recentemente, isso é uma outra fonte útil.

A informação sobre a empresa ou a organização pode ser encontrada na Internet. Imprima o que descobrir e leia-o cuidadosamente. Qual é o seu enfoque? Qual é a sua missão? Quanto mais souber sobre a organização, mais coisas pode inferir sobre o emprego, o que pode ser uma grande ajuda para a entrevista. Enquanto estiver *on-line*, faça uma busca rápida com os nomes dos entrevistadores (os seus nomes entre aspas). Se forem activos em organizações profissionais, pode ser que consiga algumas pistas sobre os seus interesses.

A arte de desviar subtilmente

Embora não deva fazer toda a conversa durante a entrevista, deve controlá-la subtilmente. Quanto maior for o grupo a ser entrevistado, menos tempo vai ter para causar boa impressão. De facto, só pode ter a certeza de dispor de meia hora. Contudo, uma boa meia hora pode ser mais eficaz do que uma tarde de perguntas longa e cansativa.

Mantenha a mensagem

Sejam quais forem as perguntas do entrevistador, consegue-se quase sempre transmitir as qualidades mais importantes e mais positivas. Decida antecipadamente quais são. A maior parte de nós tem dificuldade em "vender-se" e geralmente conhecemos melhor os nossos defeitos do que as nossas qualidades. Um pouco de pensamento positivo irá revelar qualidades e áreas de competência mais do que suficientes para preencherem o tempo atribuído. Tenha cuidado para não se prolongar no assunto – bastam um ou dois exemplos muito rápidos. Cronometre-se para que possa causar o maior impacto no menor tempo possível. Ensaie formas de desviar o assunto ou de reavivar a discussão quando lhe parecer que esta está a esmorecer. Quer que a entrevista se mantenha positiva, partilhar o entusiasmo do entrevistador e convidá-lo a partilhar o seu. Se tiver de responder a uma pergunta que revele um ponto fraco, faça-o rapidamente e termine com uma nota optimista.

Pontos essenciais de conversa

Depois de ter antecipado tantas perguntas quanto possível e de estar pronto a dar algumas respostas inteligentes sobre o emprego e sobre a organização, pense naquilo que o entrevistador ainda gostaria de saber. A maioria das perguntas típicas de entrevista é aberta e não é difícil fazer uma transição a partir das respostas para outros pontos fortes que tenha. A maioria dos entrevistadores prefere mesmo que o entrevistado "faça o seu trabalho", porque lhes permite realmente ver quem têm à frente. No entanto, assegure-se de que não dá a aparência de estar a evitar uma pergunta. Responda completamente antes de fazer a sua transição. Tenha cuidado para não falar de mais.

Não vai querer transformar a sua resposta num longo monólogo, porque este é um dos estereótipos sobre as pessoas mais velhas. Já todos passámos pela batalha que é afastarmo-nos de uma pessoa idosa determinada a contar-nos a história da sua vida.

Decida o que é importante

Quais são então os pontos fortes que deve transmitir? Primeiro que tudo, deve provar que tem competências e uma atitude actuais. Um dos estereótipos mais negativos sobre os colaboradores mais velhos é a crença de que estes "encalharam" e que não mudaram com os tempos. Mais especificamente, que são alérgicos a computadores ou que têm apenas uma competência mínima neste campo. Sem cair na gabarolice, deve deixar bem claro que tem estado a aprender e continuado a crescer. Centre-se nas suas realizações mais recentes e certifique-se de que consegue utilizar de uma forma eficaz o vocabulário actual de computadores e dos profissionais. Por outras palavras, vai querer usar a mesma linguagem do empregador e dos candidatos mais promissores.

Um valor comprovado

Também deve deixar claro que, ao contrário dos candidatos mais jovens, o leitor é um valor comprovado. Seja cortês, mas identifique-se com a perspectiva do entrevistador. Percebe o que é ter-se um trabalho exigente e consegue observar o processo de selecção do lado do empregador. O leitor "já lá esteve, já fez isso", mas tenha cuidado. Se exagerar, pode transformar as suas respostas numa longa lista dos empregos que já teve e assim arruinar as suas hipóteses. Mencione a sua experiência anterior de uma forma geral e concentre-se nas realizações e nas competências transferíveis e não nos cargos que teve.

Tornar a entrevista agradável

Quer esteja a participar numa entrevista presencial ou telefónica, é boa ideia partir do princípio que os entrevistadores podem estar cansados e que, como meros mortais que são, se aborrecem facilmente. Um candidato pode começar a soar e a parecer-se com todos os outros. Têm dificuldade em distinguir quem disse o quê e os nomes e as caras confundem-se. Torne a sessão tão agradável quanto possível. Quando se preparar, não negligencie histórias com humor que possam ilustrar as suas ideias. Todos gostam de uma boa história, mas não deve ser comprida. Os entrevistadores podem encorajá-lo a falar, mas estão muito mais acordados quando são eles a falar. Continue a fazer perguntas ao longo da entrevista. Geralmente os entrevistadores costumam ter uma lista formal de perguntas, de maneira que as respostas tendem a ser muito semelhantes. Tente tornar as suas memoráveis.

Aperfeiçoar a sua imagem

Embora a imagem que projecta numa entrevista seja sem dúvida sua, esta é apenas uma fotografia instantânea. Quando não consegue um emprego depois da entrevista, tende a imaginar o entrevistador como um juiz a presidir um julgamento no qual foi considerado culpado. Lembre-se sempre que na realidade pouco sabem sobre si. Eles não o rejeitaram. A "pessoa" que foi transmitida na entrevista foi apenas um breve vislumbre. Pode aprender-se algo de novo em cada entrevista e incorporar-se na seguinte o que se aprendeu. Com um planeamento cuidadoso, aquela breve provação pode tornar-se uma reflexão rigorosa sobre si mesmo e sobre os seus muitos pontos positivos, bem como um meio eficaz de conseguir o emprego que deseja.

Depois da entrevista

Decidiu que o seu emprego seguinte vai ser diferente de todos os outros. Que lhe vai dar oportunidade para se expressar mais completamente e para utilizar os seus talentos de formas mais criativas e satisfatórias. Com este objectivo em mente, preparou-se para o mercado de trabalho do mundo de hoje, identificou uma vaga que lhe interessou e conseguiu uma entrevista. A grande questão agora não é realmente se conseguiu o emprego. Claro que isso é importante, mas existe uma questão ainda mais importante: este é realmente o emprego que pensou que seria?

Será que este emprego lhe dá a oportunidade de fazer na sua vida as mudanças que tenciona realizar? Conheceu algumas pessoas com quem iria trabalhar. Embora elas se mostrassem no seu melhor, provavelmente conseguiu ter uma ideia do género de ambiente que elas criaram. Como se sentiu nesse ambiente? Havia um ambiente de camaradagem? O chefe e os seus subordinados pareciam à vontade uns com os outros? Riam-se e diziam piadas, ou era uma relação mais formal e possivelmente tensa? Claro que não há maneira de se ter a certeza, mas já trabalhou em diversos empregos. Pode olhar para trás e lembrar-se da atmosfera típica de um ambiente de trabalho feliz e produtivo.

Deve aceitar o emprego?

No passado provavelmente supôs que aceitaria qualquer emprego que lhe oferecessem. Desde que o salário e os benefícios correspondessem aos seus requisitos e não existissem quaisquer inconvenientes óbvios, aproveitava a oportunidade de subir ao nível seguinte da carreira. Pense como foi da última vez em que lhe ofereceram um emprego novo. Depois de saltar de cada vez que ouvia o telefone tocar e de esperar todos os dias pelo correio, chegou o momento mágico. Informaram-no de que tinha sido seleccionado para o cargo. Provavelmente manteve a sua pose durante a breve conversa e, assim que pousou o auscultador do telefone, desatou aos pulos. Aceitou o emprego? Claro que aceitou, ou talvez tenha pedido um dia ou dois para pensar sobre ele.

A escolha é sua

Desta vez, porém, escolher o emprego é tão importante como ter sido a pessoa escolhida para o emprego. Os velhos hábitos custam a desaparecer e o entusiasmo de uma oferta de emprego pode seduzi-lo e impedi-lo de tomar uma verdadeira decisão. Uma conhecida minha, a quem chamarei Barbara, estava a contar-me sobre o seu emprego novo. Há seis meses tinha decidido que iria mudar a sua vida.

Decidiu que iria passar mais tempo a desenvolver os seus talentos e interesses. O seu emprego não lhe permitia evoluir nessa direcção, portanto Barbara decidiu que iria encontrar um emprego que realmente correspondesse às suas necessidades. Começou rapidamente a procurar vagas de emprego.

Ao longo dos anos, Barbara tinha-se tornado tão boa a investigar empregadores e em compor "pacotes" de candidatura que se pode dizer que entrou em piloto automático. De facto, ela era tão competente e eficiente a procurar emprego que, no espaço de alguns meses, já tinha uma oferta. Como foi entusiasmante receber aquela chamada telefónica! Como ela celebrou alegremente o seu sucesso! Barbara estava apenas há alguns meses no seu emprego novo quando conversei com ela. Era, dizia-me, muito parecido com o seu emprego anterior.

Barbara tinha conseguido o emprego porque tinha excelentes qualificações para o fazer. Já o tinha feito anteriormente. Mas não era esse o problema desde o início? Claro, o ego dela está agora em melhor forma, porque sabe que ainda tem o que é preciso. Este género de afirmação é importante quando temos 50 ou 60 anos. Barbara está a gostar da mudança de cenário, mas na verdade a vida dela não se alterou. Dentro de alguns meses provavelmente irá estar tão descontente com este emprego como estava no anterior. E as competências e talentos que ia desenvolver? A verdade é que o novo emprego só utiliza as velhas competências de Barbara.

O resto do plano

Lembre-se que, embora o dinheiro seja um aspecto importante, o emprego é apenas uma parte do seu plano geral para uma vida melhor. Antes de começar à procura de emprego, olhou longa e honestamente para a forma como gostaria de mudar a sua vida. Analisou os empregos que teve durante a sua carreira, tendo feito uma lista do que gostava e do que não gostava em cada um deles. Também olhou para a vida que estava a levar e comparou-a com o género de vida que gostaria de ter. Considerou os seus passatempos e outras actividades de lazer, bem como a sua família e amigos. Agora é tempo de encontrar essas listas e de reanalisar as conclusões a que chegou.

Se o emprego novo não corresponder às necessidades da pessoa que se quer tornar, então provavelmente não o deve aceitar. Quando examina a sua lista ponto por ponto, sente-se confiante de que encontrou um emprego adequado? Se não se sentir confiante, obrigue-se a voltar ao mundo real. Controle o seu ego e não permita que o "entusiasmo da caça" o engane. No entanto, se acreditar que este emprego é realmente diferente e que vai utilizar os seus pontos fortes, então tem uma oportunidade maravilhosa à sua espera. Divirta-se e celebre com champanhe se quiser, mas lembre-se que ainda tem algum trabalho pela frente.

Capítulo 12

Sobreviver e crescer depois do período de experiência

AGORA QUE CONSEGUIU O EMPREGO pode pensar que o resto é "canja". Conseguiu o seu objectivo e pode sentar-se e saborear o triunfo. Não é assim. Pode ter sido assim quando lhe ofereceram o seu emprego anterior, ou o outro antes desse, mas este é diferente. Lembre-se que o seu objectivo não é apenas ter um emprego, mas também gostar dele, viver uma vida mais compensadora e satisfatória. Se a sua vida vai ser diferente, então este emprego também tem de ser diferente. A sua primeira dificuldade vai ser sobreviver ao período de experiência. A maioria dos empregadores designa um determinado período de tempo durante o qual, em certo sentido, está sob julgamento. Mesmo que o seu empregador não tenha oficialmente um período probatório, agora é certamente a altura em que tanto a sua pessoa como o seu trabalho vão ser examinados de perto. Se sobreviver e tiver uma avaliação favorável, geralmente torna-se um colaborador permanente com alguma segurança no trabalho.

Deixe a sua "bagagem" para trás

O período de experiência é o tempo em que se adapta ao emprego. Aprende aquilo que esperam de si, desenvolve relações com chefes e colegas e gradualmente fica a conhecer o ambiente de trabalho. Esta deve ser também a altura em que ajusta a sua atitude mental ao seu trabalho. Se olhar para o seu passado vai provavelmente lembrar-se que, depois de algum tempo, os empregos novos acabavam por se assemelhar aos que tinha deixado para trás. Era a mesma pessoa com as mesmas competências, objectivos e atitudes. Claro que havia empregos mais satisfatórios e outros mais cansativos mas, em geral, tendia a abordar o seu emprego e os seus colegas da mesma maneira. Isto não era necessariamente uma coisa má, mas não é esta a forma como quer abordar este novo emprego. Existe um cliché demasiado utilizado sobre "hoje ser o primeiro dia do resto da sua vida". Cliché ou não, esta é uma boa maneira de abordar este período de ajustamento.

Embora o dinheiro não possa ser ignorado, não é realmente essa a razão pela qual aceitou este emprego. Se tivesse sido, provavelmente teria ficado no anterior. Não, este é o emprego de que tenciona gostar. O seu plano é ir trabalhar todos os dias feliz por ver amigos, aprender coisas novas e expandir os seus horizontes. É pouco provável que estes tivessem sido os seus objectivos da última vez que começou um emprego novo. Resumindo, o seu objectivo era provavelmente a progressão (definida em aumentos salariais frequentes e promoções). Progressão significava benefícios, como um gabinete grande ou inclusão no nível superior da gestão. Se consciente ou inconscientemente levar esses objectivos para este novo emprego, não pode esperar sair da sua rotina. Este irá tornar-se muito em breve o mesmo que todos os outros empregos que teve antes.

Por outras palavras, agora é a altura de deitar fora a "bagagem" desses empregos passados que tem carregado consigo. Por vezes o trabalho pode revelar o pior que há em si. Por exemplo, a competição pode tê-lo tornado paranóico em relação aos seus colegas. Pode nunca ter sentido o prazer de fazer realmente parte de uma equipa e ter sempre sentido um pouco de desconfiança, o que arruinava a camaradagem. Agora tenciona apreciar o prazer de estar com outros e de fazer amizades duradouras, mas isso nunca acontecerá se levar consigo essa antiga paranóia.

O caso de Catherine

A história de Catherine pode dar-lhe uma ideia do que pode correr mal se levar esses velhos hábitos consigo para o novo emprego. Catherine tinha 58 anos e era claramente a candidata mais bem qualificada para o emprego. A gestora que a contratou tinha ficado com algumas reservas durante a entrevista, pois Catherine controlara a maior parte da conversa. Embora seja importante transmitir os seus pontos fortes numa entrevista, Catherine exagerou. Ao longo dos anos tinha trabalhado numa variedade de empregos e tinha adquirido muitas competências. O problema era que não conseguia parar de se vangloriar delas.

Os entrevistadores esperam que os candidatos se "vendam" a si mesmos, portanto isto não aborreceu demasiado a entrevistadora. Mas ela também notou que Catherine não parecia estar realmente a ouvir quando ela lhe descreveu o trabalho. Ainda assim, era óbvio que tinha mais experiência e mais qualificações do que os outros candidatos. Com alguma relutância, decidiu oferecer o emprego a Catherine.

Infelizmente, a entrevista de Catherine foi uma previsão bem acertada do seu comportamento no emprego. Ela sabia como o trabalho devia ser feito, porque já o tinha realizado antes. Como geralmente estava a pensar no que iria dizer a seguir, não percebeu que a sua chefe tinha uma visão diferente do trabalho. Catherine trabalhou arduamente, tal como sempre tinha feito. Por vezes trabalhava durante a hora do almoço e, claro, contava a todos a confusão em que o departamento dela se encontrava. Infelizmente, não ocorreu a Catherine que não estava a fazer qualquer progresso nos projectos que lhe tinham dado. Mais uma vez, não estava realmente a ouvir. Tinha simplesmente transferido a descrição do emprego antigo e os seus velhos hábitos para o emprego novo.

No início, a chefe de Catherine ficou impressionada com a sua diligência. Ao contrário dos outros colaboradores mais jovens que tinha à sua volta, ela raramente empatava o trabalho. No entanto, sempre que se encontravam para discutir o trabalho de Catherine, nunca conseguiam ir direitas aos projectos atribuídos. Em vez disso, Catherine falava sem parar sobre todas as suas outras realizações superiores. Catherine presumiu que, quando a chefe soubesse tudo o que tinha feito, iria perceber que era ela quem sabia o que era melhor para o departamento.

Mas, quando os prazos se estavam a aproximar, tornou-se óbvio que Catherine não iria conseguir cumpri-los. Gradualmente, a atitude da sua chefe mudou. Sentia-se como se estivesse a falar para uma parede. Nada do que dizia parecia causar qualquer impressão.

Na realidade, Catherine nunca ouviu a sua chefe. O ambiente de trabalho tinha vindo a modificar-se e isso significava também que eram necessárias novas estratégias para lidar com a mudança. Se Catherine tivesse estado disposta a ouvir, poderia ter percebido pistas da sua chefe e dos seus colegas. Os mais novos cresceram num mundo muito diferente e estas diferenças reflectem-se na maneira como abordam o seu trabalho. Catherine podia ter-se tornado mais sensível às mudanças de perspectiva e de filosofia que caracterizam gerações. De certa forma, o ambiente de trabalho dos dias de hoje é como um país estrangeiro para muitas pessoas de meia-idade e mais velhas. Não percebem a linguagem nem os costumes. Para se enquadrarem, têm de manter os olhos e os ouvidos abertos para apanharem algumas pistas. Tal como não podem permanecer como estrangeiros e funcionar eficazmente num país estrangeiro, não podem também ser estranhos no local de trabalho, ignorando tudo o que se passa à sua volta.

Uma das grandes mudanças nos anos recentes tem sido a crescente importância das equipas e do trabalho em equipa. Catherine sempre fora uma trabalhadora solitária. Era muito competitiva e, no trabalho, a competição ganha sempre à cooperação. Conforme os colaboradores da "velha guarda" foram sendo gradualmente substituídos por outros mais jovens, com interesses e hábitos de trabalho diferentes, ela foi-se sentindo isolada. No seu emprego anterior, os colegas tinham-se cansado de a ouvir falar sobre os seus feitos e tinham-lhe dado a alcunha de "Sabichona".

No seu maravilhoso emprego novo, ela não fez qualquer esforço para ser parte da equipa. Não estava disposta a ir pedir ajuda aos seus colegas, pois isso seria uma admissão de fraqueza. Se Catherine tivesse feito um esforço para falar a linguagem deles e para aceitar a orientação deles, tudo poderia ter corrido bem. Em vez disso, queria ser ela a dizer-lhes como é que tudo deveria ser feito.

Quando um grupo se torna uma equipa acontece algo de especial. Gradualmente, começam a partilhar uma visão; desenvolvem uma forma mais criativa e eficaz de abordar o seu trabalho. O grupo desenvolve uma sinergia e, juntos, conseguem ter ideias muito melhores do que indivíduos a trabalharem separadamente. Os colegas primeiro tentaram incluir Catherine no grupo, mas, quando esta rejeitou as suas tentativas, viraram-se contra ela. Assim, quando viram que ela estava em apuros, não se sentiram obrigados a apoiá-la.

Havia outro problema com o trabalho de Catherine: tinha-se sobrevalorizado. Como tinha comprado um computador para casa, navegava ocasionalmente na *Web* e se correspondia com os seus filhos por *e-mail*, vangloriava-se dos seus conhecimentos na área dos computadores. De facto, afirmava ter competências informáticas muito melhores do que na realidade tinha. Nunca lhe tinha ocorrido tirar um curso de informática, porque na verdade não acreditava que os computadores fossem importantes. Catherine tinha conseguido durante anos fazer o seu trabalho sem a ajuda de um computador e não via razão para não continuar da mesma maneira.

Mas os computadores não foram uma ligeira alteração no ambiente de trabalho; eles revolucionaram-no. A maioria dos trabalhos tem sido completamente alterada pelos computadores. Os profissionais verdadeiramente entendidos em computadores percebem o que estes podem e não podem fazer. Integraram os computadores no seu trabalho e usam-nos como usariam um braço ou uma perna extra. Pelo contrário, para Catherine o computador era um brinquedo, não verdadeiramente essencial para o seu trabalho. Quando o grupo utilizava termos informáticos, ela não sabia o que significavam. Foi-se tornando cada vez mais defensiva, percebendo que teria de fingir ter grande conhecimento de computadores. Esta foi parcialmente a razão pela qual não completou os projectos que lhe tinham sido atribuídos. Catherine percebia muito pouco das orientações que recebia do técnico e não estava disposta a revelar a sua ignorância. Agora precisava de obter informações e de produzir tabelas estatísticas que requeriam competências informáticas sofisticadas.

Finalmente, nunca tinha ocorrido a Catherine que a sua chefe era uma pessoa real, que poderia sentir algum desconforto em supervisionar alguém com idade para ser mãe dela. Nunca lhe ocorreu que a chefe precisava de sentir que ela, não Catherine, tinha o controlo. No entanto, Catherine não era tola e conseguia perceber que, embora tivesse mais experiência, tinha de parecer adequadamente humilde e cooperante. De facto, dizia constantemente "a chefe é a senhora" e "não me importo de fazer como diz", apesar de na verdade não ser assim. Embora parecesse aceitar a autoridade da chefe, fazia realmente o que pensava ser melhor.

Gradualmente, a sua chefe percebeu que Catherine estava fora de controlo. Viu-se encurralada entre as exigências dos outros gestores por um lado e as prioridades erradas de Catherine pelo outro. Quando finalmente foi despedida, Catherine ainda pensou em processar o seu empregador por discriminação etária. Se tivesse escolhido esta alternativa, poderia ter tido uma boa hipótese, já que a sua jovem chefe, recente no seu papel de gestora, não tinha conseguido reunir a documentação detalhada recomendada pelos profissionais dos recursos humanos. Tinha-se impressionado com a autoconfiança e conhecimentos de Catherine e continuara a pensar que, se Catherine conseguisse perceber o que se esperava dela, tudo iria correr bem. Assim, a chefe não deixou bem claro a Catherine que esta corria o risco de perder o emprego.

Felizmente, o advogado de Catherine foi honesto com ela. Sim, poderia ganhar um processo por discriminação, mas provavelmente não valia a pena. Não só os custos legais iriam fazer um buraco tremendo em qualquer compensação que ela viesse a receber, como o caso iria consumir um ano ou mais da sua vida. Durante esse tempo, ela teria de reviver a experiência várias vezes. Os acordos financeiros raramente são suficientemente elevados para compensarem o *stress* e o desgaste mental. A única coisa que Catherine provavelmente iria conseguir com o processo por discriminação seria vingança. Portanto, depois de falar com o seu advogado, preferiu continuar com a sua vida.

Em resumo, eis o que correu mal: Catherine era a principiante no escritório. Apesar da sua longa experiência, era principiante neste emprego em particular. Sim, a sua experiência passada era útil. Sim, ela tinha feito trabalho semelhante no passado. Contudo, não percebeu que este era um emprego completamente novo, com exigências e expectativas novas. A prioridade mais importante de Catherine deveria ter sido aprender – estar aberta ao seu novo ambiente, perceber a linguagem dos seus colegas e tornar-se parte da cultura que era partilhada por este grupo particular de pessoas. Em vez de a ajudar, a experiência passada de Catherine na realidade prejudicou as suas hipóteses de sucesso. Impediu-a de ver este emprego novo com clareza e não a deixou ouvir, realmente ouvir, os conselhos e as instruções que recebeu. Também o seu ego inflacionado não a deixou aceitar ajuda dos seus colegas. Na corrida a um lugar na hierarquia da organização, via-os como concorrentes e não como colegas de equipa.

Se tivesse feito alguns ajustes na sua atitude, Catherine provavelmente teria tido sucesso. A chefe apreciava os seus talentos e estava disposta a trabalhar com ela. E nem sempre é assim. Muitas vezes, um colaborador mais velho encontra um chefe que é demasiado rígido para tolerar diferenças individuais. Talvez a história de Tom ilustre este tipo de situação.

O caso de Tom

Tom era extrovertido e para ele a reforma era um aborrecimento. Pura e simplesmente não lhe proporcionava o estímulo social que tinha tido ao longo da sua carreira. Mas ele sabia que não podia voltar para o velho ambiente competitivo. Depois de olhar bem para si e para o que queria retirar do seu trabalho, Tom candidatou-se a um emprego num *call center* de um conhecido prestador de serviços informáticos. Pensou que o emprego lhe permitiria utilizar as suas competências informáticas e poderia passar o tempo ao telefone com quem precisava da sua ajuda.

Embora Tom fosse por vezes censurado por passar muito tempo com clientes individuais, o emprego agradava-lhe. Satisfazia as suas necessidades sociais e sentia que estava a fazer algo de útil. Mas, sabia bem que os empregos nos *call centers* eram mal pagos e tinham um estatuto baixo. Embora não estivesse realmente infeliz com o emprego, não estava habituado a ser o que se designa por "soldado raso".

Dentro da sua empresa, aqueles que davam formação aos novos colaboradores tinham um estatuto mais elevado do que os que se limitavam a atender os telefones. Não seria uma boa ideia continuar a apreciar as pessoas e os computadores, mas ganhar também um pouco mais de respeito? Tom decidiu tentar uma promoção. Como a sua ficha de trabalho era boa e já tinha dado alguma formação, foi promovido a formador assim que abriu uma vaga.

Durante a entrevista, Paul, o novo chefe de Tom, aparentou ser alguém com quem ele gostaria de trabalhar. Falou entusiasticamente sobre técnicas criativas de formação e pareceu aberto a novas ideias. Tom esperava com alegria o seu primeiro dia de trabalho num ambiente tão estimulante.

No início, o novo emprego parecia ser tudo aquilo que ele gostaria que fosse. Depois da primeira semana, Tom verificou que tinha exactamente os talentos e a experiência necessários para ser um formador com sucesso. Dava-se bem com os formandos e achou que as suas técnicas de ensino eram adequadas para o trabalho. Ao contrário de Catherine, Tom percebeu que era o principiante e, em muitas ocasiões, procurou a ajuda de Paul. Ouviu cuidadosamente, fez perguntas e seguiu muitas das suas sugestões. Contudo, conforme o tempo foi passando, começou a sentir-se mais confiante. Incorporou não só ideias de Paul, como também algumas vindas de experiências suas do passado, dos seus novos colegas e de leituras que tinha feito e acabou por desenvolver um estilo que funcionava bem com ele. Aos olhos dos seus formandos e dos seus colegas, Tom era um formador de sucesso.

Infelizmente, esta opinião não era partilhada pelo seu supervisor. Cada vez que se reunia com Paul, fazia fortes críticas. Porque não tinha ele feito isto ou aquilo? Na verdade, Paul nunca lhe disse que estava a fazer um mau trabalho, mas também nunca parecia satisfeito. Embora os formandos de Tom se tornassem colaboradores produtivos, a sua relação com Paul continuou a deteriorar-se. O que tornou esta situação particularmente difícil foi que Tom ia perdendo gradualmente a confiança. Começou a interrogar-se se saberia de facto fazer o trabalho ou se não passava de um "cão velho" incapaz de aprender truques novos.

No nosso exemplo anterior, Catherine era demasiado inflexível para se adaptar ao seu novo ambiente de trabalho. Os mais jovens, contudo, conseguem ser tão inflexíveis como os mais velhos no que diz respeito à aceitação de ideias novas, principalmente quando têm falta de autoconfiança. Os outros formadores que Paul contratara não tinham experiência. Eram jovens promovidos a partir do *call center* que chegavam sem qualquer conhecimento prévio do ramo. Paul podia incutir-lhes as suas técnicas, opiniões e preconceitos pessoais. Em certo sentido, eles eram "barro virgem", prontos para ser moldados em "clones de Paul". Pelo contrário, não era possível a Tom tornar-se um clone de Paul. Ele era um indivíduo completamente formado e maduro, que trazia a sua própria personalidade e experiência para o emprego. Apesar da sua alegada abertura a novas ideias, Paul era incapaz de ver que uma outra abordagem podia ter tanto êxito quanto a sua. Não só a sua perspectiva era limitada, como se sentia ameaçado por um colaborador que exibia um certo grau de independência.

Tom deu por si a dormir mal, a negligenciar passatempos que apreciava e a recear cada dia de trabalho. Finalmente, um amigo confrontou-o. O motivo pelo qual ele tinha mudado para uma nova carreira não era para a apreciar? Não devia o emprego novo ter menos *stress* do que o antigo? Por que razão Tom aceitava um corte salarial tão grande para fazer uma coisa que não o deixava dormir à noite?

Assim que lhe apresentaram a situação nestes termos, o caminho de Tom tornou-se evidente. No dia seguinte, foi ter com o seu chefe anterior no *call center* e pediu-lhe o emprego de volta.

Este é o emprego que queria?

O seu novo chefe não é o único que o está a avaliar durante o seu período de experiência. O leitor deve também olhar bem para si e para a forma como se está a sentir no novo emprego. Não deixe passar demasiado tempo antes de dar um passo atrás e de olhar honestamente para a forma como as coisas estão a correr. Eis algumas questões que o devem ajudar a iniciar esse processo:

Está a divertir-se?

Esta é talvez a primeira pergunta e a mais importante que deve fazer a si mesmo. Se não está a gostar do tempo que passa no trabalho, então não está a alcançar o seu objectivo. Se não tem bem a certeza da sua resposta, tente descobrir a razão pela qual não se sente à vontade. É claro que é natural sentir-se nervoso quando começa a lidar com uma série de pessoas e informação novas. Porém, assim que as coisas começarem a assentar, tem de avaliar a situação. Se acha que este emprego não lhe dá mais prazer do que o anterior, será que não anda à procura de prazer? Levou consigo todas aquelas atitudes negativas que se formaram durante o seu último emprego?

Sente dificuldades em pôr-se a par?

Sente-se "stressado" com todas as coisas novas que está a aprender? Por vezes assustamo-nos um pouco ou ficamos ansiosos quando parece que não estamos a aprender as coisas tão depressa como era habitual. É verdade que o nosso cérebro não é tão rápido como quando éramos mais novos, embora tenha a mesma utilidade. Tire muitas notas quando lhe estão a explicar as coisas. Depois de se encontrar com o seu supervisor, volte para a sua secretária, analise rapidamente as suas notas e escreva tudo o que se conseguir lembrar da reunião. O mero acto de tirar notas e de as rever vai fazer com que as memorize. Guarde as notas num caderno bem organizado e leia-as de vez em quando.

As pessoas de meia-idade bem sucedidas dizem que uma chave importante para envelhecer graciosa e produtivamente é conhecerem-se a si mesmas e serem honestas sobre as suas limitações físicas e mentais. Elas sabem, por exemplo, que a sua memória de curto prazo é pouco fiável, mas isso não quer dizer que sejam menos competentes ou inteligentes. Uma executiva com mais de 70 anos diz que nunca sai sem um bloco de notas. Utiliza o Microsoft Outlook como um relógio de alarme, introduzindo a data e a hora de cada compromisso e acertando o alarme para 15 minutos antes da hora a que a actividade deve iniciar-se. Também traz consigo uma pequena agenda. Desta forma, consegue anotar todas as reuniões e horários e depois transfere a informação para o Outlook. Dá um pouco mais de trabalho, mas a rotina tornou-se quase automática. Como se vê obrigada a copiar a informação sobre os seus compromissos, é mais provável que se recorde deles.

Sente-se crítico em relação ao seu chefe ou aos seus colegas?

Por vezes criticamos os outros para não termos de aceitar as nossas próprias limitações. Dá por si a queixar-se que os colegas mais novos não falam, que só murmuram? Talvez precise de um aparelho de audição. Quando surgir um problema, resolva-o. Não tente culpar os outros.

Quando fala com os colaboradores mais jovens utiliza o tom de voz que usa com os seus filhos?
Se não consegue tratar os seus colegas como adultos, como pode esperar que eles o incluam na equipa? Quando nos queixamos sobre preconceitos, tendemos a esquecer-nos que muitas vezes somos culpados deste género de discriminação etária inversa.

Dá por si a evitar o computador?
Passou por cima do capítulo sobre computadores neste livro (Capítulo 9)? Se passou, é altura de voltar atrás e lê-lo. É provável que aprenda competências informáticas mais depressa se comprar um computador para ter em casa. Então, pode passar algum tempo com ele à noite, a fazer coisas que lhe dêem prazer. Como os computadores são já um equipamento comum para a maioria dos colaboradores, não há maneira de os evitar e ser um colaborador de sucesso.

O ecrã do computador é difícil de ler?
Não tem de ser assim. Existem uma dúzia ou mais de ajustes que podem aumentar o seu nível de conforto. O Windows XP e Vista têm ambos um *Accessibility Wizard** e um breve curso para o ajudar a utilizá-lo mais eficazmente.

O processador de texto, os ícones do ambiente de trabalho e o cursor podem ser ampliados e os botões do rato podem ser invertidos se forem desconfortáveis para si. O magnificador pode aumentar partes específicas do ecrã que sejam particularmente difíceis de ler e um esquema colorido de alto contraste pode também facilitar a leitura do texto.

Conheceu pelo menos uma pessoa que é provável que se venha a tornar um bom amigo?
São as amizades que fazemos no local de trabalho que nos dão maior prazer. Esforce-se por almoçar e tomar café com os seus colegas. Embora se possa sentir tentado a trabalhar durante estes intervalos, o prazer de estar com amigos

* **N. T.** Programa que o ajuda a melhorar a acessibilidade do seu computador.

é uma das razões mais importantes pelas quais muitos decidem continuar a trabalhar depois da idade da reforma.

Reunir tudo

Agora que nós, as pessoas de meia-idade, estamos a chegar à bela idade de 50 ou 60 anos, é altura de olharmos bem para quem somos e para o que queremos da vida. Agora somos adultos (ainda que por vezes nos sintamos como adolescentes tontos). Todos estes anos de experiência que fomos acumulando são como uma arca do tesouro. Na realidade, sabemos coisas que não sabíamos quando tínhamos 20 ou 30 anos e queremos utilizá-las. As tripulações dos vaivéns espaciais falam em fazer correcções a meio do percurso e é tempo de fazermos as nossas próprias. Felizmente, a medicina moderna deu-nos anos suficientes não só para mudarmos a nossa direcção, mas também para apreciarmos o nosso destino quando lá chegarmos.

Recursos para quem está à procura de emprego em Portugal

EXISTEM, EM PORTUGAL, várias agências especializadas que prestam serviços nas áreas de trabalho temporário, gestão contratual, gestão de carreiras, recrutamento e selecção, formação e consultoria em recursos humanos. Agências através das quais os candidatos e clientes têm ao seu dispor uma grande diversidade de soluções personalizadas, de elevada qualidade e rapidez.

Existe igualmente uma série de *sites*, fáceis de utilizar, que disponibilizam centenas de ofertas de emprego em Portugal, na Europa e no resto do mundo.

De seguida são apresentadas algumas dessas agências de emprego que prestam apoio na procura de emprego e/ou transição de carreira, bem como alguns *sites* úteis. Estes têm interesse tanto para candidatos à procura de trabalho, como para empresas que procuram recrutar colaboradores. Esta pesquisa foi compilada pela editora na altura da primeira edição e está sujeita a alterações.

Agências:

- Adecco Portugal: *http://www.adecco.pt/*
- Egor: *http://www.egor.pt/*
- Hays: *http://www.hays.pt/*
- Mercuri Urval: *http://www.mercuriurval.pt*
- Michael Page: *http://www.michaelpage.pt/*
- Pessoas e Sistemas: *http://www.pessoasesistemas.pt/*
- Ray Human Capital: *http://www.rayhumancapital.com/*
- RHManagement: *http://www.rhmportugal.pt/*
- SDO Consultoria: *http://www.sdoconsultoria.com/*
- SHL: *http://www.shl.pt/*
- Transitar: *http://www.transitar.pt/pt/*
- Vedior: *http://www.vedior.pt/*
- We Change: *http://www.wechange.pt/*

Sites:

- 100 Trabalho: *http://www.100trabalho.com/*
  Empregos na área da comunicação e *design* multimédia

- BEP: *https://www.bep.gov.pt/*
  Bolsa de emprego público

- Bolsa de Emprego Portugal Universia: *http://www.emprego.universia.pt/nova_home/*
  Ofertas de emprego (candidatos e empresas)

- CareerJet Portugal: *http://www.careerjet.pt/*
  Vagas de emprego *on-line*

- Carga de Trabalhos: *http://www.cargadetrabalhos.net/*
  Emprego na área da comunicação

- Central de Emprego: *http://www.central-emprego.com/*
  Oferta de empregos e pedido de currículos

- Classificados CM: *http://www.classificadoscm.pt/*
  Anúncios publicados no jornal *Correio da Manhã*

- Click Emprego: *http://www.clickemprego.com/*
  Centro de emprego dos países lusófonos

- Com Trabalhos: *http://www.comtrabalhos.com/*
  Emprego na área da comunicação e do *marketing*

- DeGRAU Científico: *http://www.degraucientifico.pt/PresentationLayer/adi_home_00.aspx*
  Carreiras pós-graduadas nas empresas / Recrutamento científico

- DOVA: *http://www.dovajobs.com/job-sector-list.html?CountryId=171*
  Sistema de pesquisa de ofertas (50 mil anúncios para cerca de 50 países, sensivelmente 200 para Portugal)

- Emprego Comunidades: *http://emprego.comunidades.net/*
  Procura de ofertas para candidatos e procura de candidatos para empresas

- Emprego Diário: *http://www.empregodiario.com/*
  Oportunidades de emprego em Portugal

- Empregos.org: *http://www.empregos.org/*
  Empregos em Portugal

- Empregos.pt: *http://www.empregos.pt/*
  Pesquisa de empregos

- Empregos Manager: *http://www.empregosmanager.pt/*
  Ofertas de emprego (candidatos e empresas)

- Empregos Online: *http://www.empregosonline.pt/*
  Ofertas de emprego

- Expresso Emprego: *http://clix.expressoemprego.pt/*
  Ofertas de emprego (Jornal *Expresso*)

- Emprego TI: *http://www.empregoti.com/*
  Empregos em empresas de tecnologia (Portugal e Brasil)

- Infoemprego.pt: *http://www.infoemprego.pt/*
  Ofertas de emprego por categorias

- IT Jobs: *http://www.itjobs.com.pt/*
  Oferta de empregos na área das tecnologias de informação

- Kazulo Emprego: *http://empregos.kazulo.pt/*
  Pesquisa de vagas de emprego *on-line*

- Manpower Portugal: *http://www.acinet.pt/manpower/emprego.html*
  Ofertas de emprego em Portugal

- Mercado de Emprego: *http://www.mercadodeemprego.com/*
  Envio de candidaturas a empresas portuguesas

- Net Emprego: *http://www.netemprego.gov.pt/IEFP/index.jsp*
  Ofertas do Instituto de Emprego e Formação Profissional (IEFP)

- Net Empregos: *http://www.net-empregos.com/*
  Maior portal de empregos de Portugal

- Ofertas de Emprego: *http://www.ofertas-emprego.com/*
  Centro de emprego *on-line*

- Ponto de Emprego: *http://www.pontodeemprego.com/*
  Ofertas de emprego em todo o mundo

- PortalEmprego.org: *http://www.portalemprego.org/*
  Ofertas de emprego em Portugal

- Portugal Empregos: *http://www.portugalempregos.com/*
  Ofertas de emprego (candidatos e empresas)

- QEP (Quero Emprego em Portugal): *http://www.qep.pt/*
  Ofertas de emprego em Portugal

- Sapo Emprego: *http://emprego.sapo.pt/*
  Ofertas de emprego

- Slando Emprego: *http://empregos.slando.pt/*
  Empregos em Portugal

- Stepstone: *http://www.stepstone.pt/*
  Ofertas de emprego na Europa

- Trovit Empregos: *http://emprego.trovit.pt/*
  Ofertas de emprego

- Turijobs: *http://www.turijobs.pt/defaultpt.aspx*
  Ofertas de emprego na área do turismo

Sobre a autora

JEANNETTE WOODWARD é co-fundadora e directora da organização não governamental Wind River Nonprofit and Educational Consulting Group. Antes de se tornar consultora, Woodward foi directora de várias bibliotecas, com muitos anos de experiência como entrevistadora e como candidata a empregos. Os seus livros incluem os títulos *Nonprofit Essentials: Managing Technology* (John Wiley & Sons, 2006), *Creating the Customer-Driven Library* (American Library Association, 2004) e o manual de redacção de trabalhos universitários *Writing Research Papers: Investigating Resources in Cyberspace* (McGraw-Hill, 1999). Woodward tem um mestrado e frequentou um curso de doutoramento na Universidade do Texas. Vive em Lander, no estado norte-americano do Wyoming, no sopé das Montanhas Rochosas.